Michael Felske

Die Weihnachtshexe La Befana

Märchen für das Spiel mit großer Handpuppe

Bibliografische Information der Deutschen Nationalbibliothek:
Die Deutsche Nationalbibliothek verzeichnet diese Publikation in der Deutschen Nationalbibliografie; detaillierte bibliografische Daten sind im Internet über http://dnb.dnb.de abrufbar.

© 2017 **Michael Felske**

Fotos: **Adrian Felske (Titel), Michael Felske, Franka Felske**

Herstellung und Verlag: BoD – Books on Demand, Norderstedt

ISBN: 978-3-746032184

Auf dem Buchumschlag und im Buch selbst sind Puppen folgender Marke abgebildet: Living Puppets ® / Matthies Spielprodukte GmbH & Co. KG – 21033 Hamburg.

Inhaltsverzeichnis

Vorwort

 Professionelles Puppenspiel für Kinder und Jugendliche war lange Jahre mein Beruf. Mit meinem eigenen Theater zog ich durch die Lande und unterhielt meine Zuschauer auch mit pädagogischen Themen. Mittlerweile haben mich Märchen total in ihren Bann geschlagen. Diese traditionellen Geschichten sind für kleine und große Leute toll. Märchen tun aber auch Senioren richtig gut. Insbesondere gerade dann, wenn gesundheitliche Einschränkungen die Teilhabe am normalen Alltag nicht mehr zulassen. Da ich mich seit längerer Zeit mit Demenzerkrankung befasse, weiß ich, dass man mit Puppenspiel auch diese kranken Menschen erreichen kann. Märchen sind Bestandteil ihrer Vergangenheit. Märchen mit großer Handpuppe zu erzählen, ermöglicht eine Aktivierung, die im Rahmen der Pflege und Fürsorge gewollt und gewünscht ist. Da es überall auf der Welt während der Weihnachtszeit viele Veranstaltungen gibt, dachte ich „Warum nicht mal ein Weihnachtsmärchen erzählen?" Dass eine Puppe mit ins Spiel gebracht werden muss, war für mich völlig klar. Die Wahl fiel auf meinen Hund Micky (siehe oben). Gemeinsam haben wir das Märchen von der Hexe La Befana neu erzählt. Viel Freude beim Lesen, Proben und erst recht beim Spielen wünscht Ihnen

Michael Felske

Die Erzähl-Situation
Puppen, Bekleidung, Hintergrund und Technik

Große Handpuppen

 Mit Handpuppen sind in diesem Zusammenhang nicht die Figuren gemeint, die Sie von den Kasperlevorstellungen aus Ihren Kindertagen kennen. Sicherlich können Sie mit Figuren dieser Größe auch etwas bewirken, sie spielen aber an dieser Stelle keine Rolle. Der Sache auf die Spur kommen Sie, wenn Sie an Ernie, Bert und Krümelmonster aus einer beliebten Kinder-TV-Show denken. Bei diesen Gesellen handelt es sich um größere Klappmaulfiguren, die – wie es die Bezeichnung sagt – beim Sprechen ihren Mund bewegen können.

Große Handpuppen im Zusammenhang mit der 10-Minuten-Aktivierung sind ebensolche Klappmaulfiguren, ca. 60 cm groß mit spielbaren Händen. Die Größe im Vergleich zum Menschen erkennen Sie unschwer auf dem Foto oben. Bezugsquellen für große Handpuppen finden Sie im letzten Kapitel.

Für Sie als SpielerIn sieht der Einstieg wie folgt aus: Puppe kaufen, Puppe kennen lernen, Soziogramm für Puppe erstellen und proben, proben, proben…

Bekleidung der SpielerIn

Generell gilt: In besonderen Situationen tragen Menschen besondere Kleidung, die sich von der Alltagskleidung erheblich unterscheiden sollte. Bestes Beispiel sind die Vorstellungsgespräche, die man ja nicht im pinken Fleecepulli wahrnimmt. Als Märchenerzähler oder -erzählerin bietet sich Ihnen zum Beispiel Mittelalterbekleidung an. Hier finden Sie im Internet ausreichend und vielfältige Möglichkeiten. Klar, dass Sie sich auch selber z.B. einen Umhang oder Mantel schneidern können - es darf auch gerne ein goldenes Bekleidungsstück sein. Ich selbst bevorzuge weite bequeme Mittelalterhemden mit Gürtel und dazu passende Hosen. Am Gürtel können Sie zusätzlich die Erzählung unterstützende Requisiten befestigen.

Für die 10-Minuten-Aktivierung müssen Sie sich aus meiner Sicht nicht unbedingt in die schicke Theaterrobe werfen. Allerdings finde ich es prima, wenn Sie als Pfleger oder BetreuerIn nicht gerade im weißen Kittel mit Puppe auf dem Arm vor Ihrem Aktivierungs-Kandidaten aufkreuzen. Es fällt niemandem schwer gerade für diesen Zweck ein Bekleidungsstück zu wählen, das sich wie oben beschrieben von der Alltagskleidung abhebt. Die Menschen, die Sie aktivieren möchten, erkennen auch dadurch, dass etwas Besonderes passiert. Das hebt die Spannung und macht Ihnen deshalb auch noch den Einstieg leichter.

Brauchen Sie einen Hintergrund?

 Sollten Sie den Versuch wagen und eine Veranstaltung mit mehreren Menschen als Publikum anbieten zu wollen, dann müssen Sie über einen möglichen Hintergrund nachdenken. In der Regel befinden Sie sich in einer echten Eins-zu-Eins-Situation in der Aktivierung und benötigen diesen nicht. Dennoch möchte ich Ihnen meine Erfahrungen dazu an dieser Stelle gerne weitergeben.

In mehr als zehn Jahren Veranstaltungs- und Spielerfahrung als Berufspuppenspieler und Unterhaltungskünstler habe ich Spielstätten und Veranstaltungsorte kennen gelernt, die unterschiedlicher nicht sein können. Von der Küche einer Kindertagesstätte über das Internationale Congress Centrum Berlin bis zum Olympiastadion war alles dabei. Absolute Flexibilität war hier ständig gefragt.

Bei bisweilen furchtbaren Umständen half mir stets ein kräftiges auf drei Meter ausfahrbares Stativ mit Fangmaul oben, das eine (Zelt-) Stange von bis zu vier Metern Breite fassen konnte. Die Stange war in der Breite variabel und trug einen schwarzen Hintergrundstoff von bis drei Metern Höhe. Somit war ich stets für alle Eventualitäten gerüstet und konnte so meinen Hintergrund an die jeweiligen Räumlichkeiten anpassen. So ganz nebenbei, und das war ja mein Hauptansinnen, sah es immer chic und ordentlich aus. Gestapelte Stühle, Turn-Utensilien und was auch immer die Räume so an Vielfalt boten, verschwanden hinter meinen Stoff.

Bei Auftritten im Rahmen der 10-Minuten-Aktivierung brauchen Sie ja keine große Bühne wie ich früher. Dennoch empfehle ich Ihnen gerade auch für das Erzählen von Märchen ein Hintergrundsystem, das eigentlich für Fotografen gedacht ist. Es besteht aus zwei Stativen und einer Querstange/Traverse sowie den passenden Stoffen in drei Farben. Grün und weiß können Sie sicherlich für manche Fotoaufnahmen verwenden, der schwarze Stoff erfüllt genau den Zweck wie mein Theaterhintergrund früher. Die Kosten liegen bei bis zu 30 EURO - einfach mal bei Kleinanzeigenportalen nachschauen oder eine Suchmaschine befragen. Auch wenn Sie die Kontaktnähe zu Ihren Zuhörern halten, sich im Raum bewegen und auf sie zugehen - sie vielleicht sogar der jeweiligen Geschichte entsprechend berühren - ein aufgestellter Hintergrund ist aus meiner Sicht stets von Vorteil. Schließlich können Sie dahinter Ihre persönlichen Dinge verschwinden lassen. Alternativ setzen Sie sich gleich zu Beginn vor Ihr Publikum und verzichten generell auf einen Hintergrund.

Zu den Dingen, die Sie durch ein Hintergrundsystem kaschieren können, zähle ich auch die Alltags-Bekleidung resp. Alltags-Oberbekleidung.

Einsatz von Bühnentechnik

Haben Sie schöne Bühnenbekleidung und eine Puppe, die mit Ihnen die Aktivierung durchführt, dann ist es ganz besonders für den Anfang wichtig, dass Sie auch von allen gut gesehen werden. Sorgen Sie entweder für gute Beleuchtung im ganzen Raum oder nutzen Sie eigene Leuchten. Professionelle Bühnenscheinwerfer sind unheimlich teuer und für Sie nicht unbedingt erforderlich. Zur Beleuchtung reichen zwei Fotolampen mit Stativen meiner Erfahrung nach völlig aus. Investieren müssen Sie sicherlich bis zu 40 EURO, liegen damit aber bestimmt noch im schmerzfreien Bereich. Beachten Sie bitte die Sicherheit bei der Verlegung von Kabeln und der Aufstellung von Kabeltrommel und Mehrfachsteckdosen!

Puppen-Soziogramm erstellen

Sie erschaffen eine echte Persönlichkeit

Sie werden die Sprache und Stimmlage Ihrer großen Handpuppe trainieren bis das Ergebnis sich hören lassen kann. Sie werden Gestik und Mimik proben bis sich das Ergebnis sehen lassen kann. Doch woher kommt bei alledem eigentlich Ihre Schlagfertigkeit? Die werden Sie nämlich brauchen. Wenn Sie bereits Kontakt zu

Demenzkranken haben, dann wissen Sie ganz genau, dass Schlagfertigkeit bei manchen ungewöhnlichen Antworten erforderlich sein wird. Besonders schwierig kommt hinzu, dass Ihre schlagfertigen Antworten unbedingt wertschätzend und zielführend bleiben müssen. „Frei Schnauze" wie vielleicht persönlich und privat tausendfach gelebt, kann keine Kommunikation im Rahmen der 10-Minuten-Aktivierung von Demenzkranken geführt werden. „Viele schlaue Worte. Doch wie soll das denn sonst funktionieren?" werden Sie jetzt vielleicht denken.

Die Antwort darauf ist recht einfach: Sie brauchen für Ihre Puppe unbedingt ein Soziogramm und eine Biografie. Aus diesen heraus werden Sie mit der Puppe fragen, antworten und erklären. Doch was bitte ist eigentlich ein Soziogramm? Wikipedia weiß dazu das: „Ein Soziogramm (lat. socius „Genosse", „Gefährte" und altgr. γράμμα grámma „Zeichen") ist die graphische Darstellung der Beziehungen in einer Gruppe, etwa in einer Schulklasse oder in einem Unternehmen. Diese Methode wurde von Jacob Levy Moreno entwickelt." In unserem gemeinsamen Arbeitszusammenhang brauchen wir sogar noch etwas mehr als das – Wir brauchen eine echte Persönlichkeit mit den sozialen Strukturen aus einem Soziogramm.

Nun ist es an der Zeit Ihre Puppe aus dem Versandkarton zu heben und mit ihr in Kontakt zu treten. Sie brauchen dann noch einen Notizblock und etwas zu schreiben. Am Beispiel meiner Puppe Kalle oben im Bild erläutere ich Ihnen gerne, worum es ab sofort geht. Führen Sie Ihre rechte

oder linke Hand in das Maul der Figur und probieren Sie mit Ihrer Puppe zu sprechen. Bewegen Sie den Kopf in Ihre Richtung und schauen Sie sich selbst mit Ihrer Puppe an. Jetzt beginnt Ihre eigentliche Arbeit. Fragen Sie sich, welchen Namen Ihre Puppe haben soll. Verlassen Sie sich dabei ein bisschen auf Ihr Bauchgefühl. Der Puppenname muss Ihnen gefallen, muss aber vor allem zur Puppe passen. Ein Beispiel: Meine erste Puppe habe ich „Kalle" genannt. Das habe ich für Kalle festgelegt:

Kalle ist zehn Jahre alt, Einzelkind, unternehmungslustig und stammt aus Berlin-Kreuzberg. In seinem jungen Alter hat er gemeinsam mit seinem Freund Atze bereits eine Menge erlebt. Er kennt zahlreiche andere Nationen und rund um den Viktoriapark auf dem Kreuzberg jeden Winkel. Sein größter Traum ist es endlich einmal in Urlaub zu fahren. Seine Eltern konnten es sich dies bisher nicht leisten. Der Vater ist Busfahrer, die Mutter arbeitet im Lebensmittelhandel. Außer Kalle und seinen Eltern lebt noch der vorwitzige Hund „Micki" mit im Haushalt. Gassi-Gehen übernimmt meist Kalle, da er so oft aus der Wohnung raus kommt. Wenn Kalle von anderen Menschen angesprochen wird, bleibt er meist freundlich, kann aber auch rasch sauer werden. Seine Berliner Schnauze ist dabei immer sprichwörtlich. Kalle mag Schokoladeneis, seine Klassenkameradin Maria aus der Nachbarschaft, Fahrradfahren, Fußball und Feder-

ball mit Maria. Gemeinsam mit Kumpel Atze gehört Kalle zu einer größeren Gruppe Kinder, die sich oft auf dem Spielplatz auf dem Kreuzberg treffen. Da Kalle um die Ecke wohnt und sich sicher und eigenständig als Fußgänger im Straßenverkehr bewegen kann, darf er alleine in den Park – es trennt Ihn davon nur ein Fußgängerüberweg mit Ampel. Die bestehende Kindergruppe ist relativ fest, wer dazu kommen möchte, muss eine Mutprobe überstehen. Kalle hat diese Prüfung auch geschafft – bloß verrät er bis heute nicht, was seine Aufgabe war. (Ich befürchte immer noch das Schlimmste.) Wenn Onkels und Tanten zu Besuch kommen, freut er sich auf die kleinen Geschenke. Ganz besonders hingerissen ist er von Schokolade und Gummibärchen. Großmutter und Großvater väterlicherseits sind bereits verstorben, die beiden anderen leben in Hessen. Deshalb telefoniert Kalle ab und zu mal mit ihnen, sieht sie aber selten – meist zu Weihnachten, wenn Papa nicht arbeiten muss. Seinen Busenfreund Atze sieht er jeden Tag in der Schule und immer nach den Hausaufgaben. Die haben beide immer schnell erledigt, denn „wozu muss ich alles daheim machen, wenn ich die schwierigen Sachen auch noch morgens in der Schule von anderen Schülern abschreiben kann", meint Kalle dazu. Atze sieht diesen Sachverhalt ebenso. Wie immer sich beide auch bei diesem Thema einig.

Soweit erst einmal. Wie Sie lesen, brauchen Sie die Persönlichkeitsmerkmale Ihrer Puppe. Dann, und nur dann sind Sie völlig frei in der Ausgestaltung Ihrer Veranstaltung! Als Kalle kann ich über Essen, Freizeit, Mädchen, Schule, Eltern, Wohnen, Autos, Süßigkeiten, Lehrer, Nachbarn, Hobbies und noch vieles mehr reden, wenn es sein muss ohne Pause. Mit diesem Reservoir an Themen, mit diesem Sprachvorrat parlieren und aktivieren Sie perfekt. Doch jetzt bloß nicht denken „Das schaffe ich nie!". Sie fangen klein an, legen den Namen fest und schreiben Ihrer Puppe Persönlichkeitsmerkmale zu. Langsam, ganz langsam und bedächtig gehen Sie dabei bitte vor. Spielen Sie ein bisschen „Lieber Gott" und erschaffen Sie ein „Lebewesen" mit sozialen Strukturen (Verwandte/Freunde, Feinde), Eigenschaften (artig/frech/liebenswert…)usw. Das schreiben Sie sich alles in Ihren Notizblock. Da Sie ja die Puppe noch auf der Hand haben (sollten), können Sie ja ganz einfach zum Thema erste Übungen machen. Die passende Stimme für Ihre Handpuppe trainieren Sie erst im kommenden Kapitel, aber so Fragen wie „Wie heißt dein Freund?" oder „Was für Süßigkeiten magst Du am Liebsten?" dürfen Sie Ihrer Puppe schon jetzt stellen. Die sollte die Puppe dann auch beantworten können.

Na? Ausprobiert? Geht doch. Sie merken schon: Übung ist hierbei alles, der Rest kaum etwas. Was Ihnen jetzt noch zum Puppenglück fehlt, ist die passenden Stimme. Denn den Namen haben Sie ja bereits.

Sprache und Stimmlagen
Es muss perfekt zur Figur passen

 Erinnern Sie sich bitte einfach ein-
mal zurück an Ihre Kindheit! Was hat
Ihnen beim Zuhören einer vorgelese-
nen Geschichte besser gefallen – der
stets gleichmäßige Klang der Stimme
von Mutti oder Vati – egal ob Wolf oder Großmutter sprechen – oder die Version von Onkel Oskar,
der dem Wolf eine furchterregende Stimmcouleur
verpasst hat, die Ihnen beinahe das Blut in den
Adern hat gefrieren lassen? Na? Spannender war
es doch eng an den Onkel gekuschelt das Schau-
dern und den Grusel der Geschichte zu überstehen
und mit zu fiebern wie es denn am Schluss aus-
geht, stimmt's.

Genau diese Erkenntnis führt uns für Ihre Kar-
riere als Handpuppenspielerin oder Handpuppen-
spieler auf die richtige Fährte. Wollen Sie Ihre
Zuhörer fesseln und überzeugend wirken? Die Antwort lautet ganz bestimmt ja! Richtig und dennoch schade. Denn Sie können jetzt noch nicht
ungeduldig weiterblättern und sofort mit Ihren
Texten loslegen. Sie brauchen auch hinsichtlich
Stimme und Stimmlage einige Vorbereitungen, denn
beides muss immer zu der Puppe passen.

Also: Bitte legen Sie JETZT das Büchlein zur
Seite, stehen Sie auf, gehen Sie von mir aus im
Zimmer hin und her und überlegen Sie, welche
Stimme Sie Ihrer Handpuppe leihen wollen. Da
diese sich am meisten von Ihrer Stimme unter-
scheidet, wird dieses Vorgehen für Sie sicher-

lich am einfachsten sein. Probieren Sie aufrecht im Stehen, denn dann ist die Luftstütze für die Power in Ihrer Stimme am kräftigsten. Bei den verschiedenen Stimmen, die Sie gerade ausprobieren, hilft es Ihnen in die Rolle/das Soziogramm Ihrer Handpuppe zu schlüpfen. Seien Sie böse, hinterhältig und gemein. Sprechen Sie liebevoll und ausgesprochen freundlich. Erarbeiten Sie sich die Gefühle möglichst genau, denn so kommen Sie bestimmt schnell ans Ziel und finden neben Stimmlage auch die Stimmfärbung.

Wenn Sie die richtige Stimmlage für Ihre Puppe gefunden haben, dann üben Sie schnelle Wechsel von Ihrer eigenen Stimme zu der der Puppe. Ideal ist es, wenn Sie mit Ihrem Training bis zu einem Streitgespräch mit raschen Wechseln zwischen Ihnen beiden kommen. Nur dann sind Sie sicher und wirklich sattelfest!

Achten Sie bitte bei allen Übungen auf die Gesundheit Ihrer Stimme! Nun, denke ich, haben wir die wichtigsten Sachen bedacht: Es kann losgehen!

Mit der Puppe proben
Einführung in das Spiel mit großen Handpuppen

Sicherlich ist Ihnen aufgefallen, dass die Hände Ihrer Puppe wie schlabbrige Handschuhe am Ende der Arme herum baumeln. Das hat einfache zwei Gründe: 1. Ihre Hand ist noch nicht in der Puppenhand und 2. Die andere Hand ist noch nicht mit Füllmaterial ausgestopft. Also: entscheiden Sie mit welcher Hand Sie den Kopf spielen. Dann wissen Sie auch, welche Hand die Puppenhand führt. Füllen Sie die übrig gebliebene andere Hand mit Füllwatte oder anderem Material das aber – Achtung – waschbar sein muss. Schließlich wird die Zeit auch Ihrer Puppe mitspielen und einen Waschvorgang erforderlich machen. Achten Sie dabei auf die Herstellerangaben zu diesem Thema. Wenn Sie die Befüllung erledigt haben, geht es jetzt los!

Wo wohnt eigentlich Ihre Puppe?

Tcha, jetzt lächeln Sie vielleicht. Aber auf diese Frage müssen Sie wirklich gefasst sein. Nun haben Sie zwei Möglichkeiten: 1. Sie denken sich eine Antwort wie z.B. „Bei mir im Haus. Da hat sie ein eigenes Zimmer" aus oder 2. Sie erschaffen einen Wohnort. Das kann ein passender Koffer sein – vielleicht finden Sie auch eine Tasche oder eine Kiste, die mit Stoff oben verschlossen ist. Dieses Behältnis nehmen Sie mit zum Auftritt, fischen Ihre Puppe heraus und beginnen Ihren Auftritt so. Das erspart Ihnen verständliche Fragen ohne sinnvolle Antwort von Ihnen.

Synchrone Mundbewegung ist ein Muss

Im oberen Bereich der Schulter unter dem Hals befindet sich im Stoff der Puppe der „Eingang" für Ihre Führungshand des Puppenmauls. Den Zugang finden Sie schnell und schlüpfen leicht hinein - bloß bei enorm großen Händen werden Sie Unterstützung durch Ihre andere Hand benötigen. Setzen Sie Ihre Puppe auf Ihren Oberschenkel und bewegen Sie dann Daumen und Finger der Hand im Klappmaul. Der Daumen spielt den Unterkiefer, die vier Finge den Oberkiefer.

Gut bei dieser Übung ist es auch, wenn Sie einen Spiegel zur Hilfe nehmen. Dann können Sie besser beobachten was Sie gerade tun. Weiter vorn im Buch haben Sie gelesen, dass die Wirkung der Aktivierung mit großen Handpuppen sehr viel mit der realistischen Spielweise zu tun hat. Gerade bei den Mundbewegungen können Sie recht schnell viel falsch machen. Fest steht: Der Mund bewegt sich nur, wenn die Puppe spricht, Geräusche macht oder sich mimisch ausdrückt! Alles andere wirkt unrealistisch und fällt Ihrem Gegenüber sofort auf, da die Puppe genau beobachtet wird.

Versuchen Sie einmal die Buchstaben des Alphabets zu sprechen. Konzentrieren Sie sich dabei auf Ihren eigenen Mund – Wie bewegen sich die Lippen? – Wie formen sie sich bei welchem Buchstaben? – und üben Sie diese Bewegungen mit Ihrer Puppe nachzumachen. Im nächsten Schritt versuchen Sie ganze Sätze. Nehmen Sie ruhig zuerst einfache Kennenlernsätze. „Ich bin sechs Jahre alt – und Du?", „Wie heißt Du?" oder „Das kann ich auch!"

Wenn Sie eine Videokamera besitzen oder jemanden kennen, der Sie beim Üben mit dem Handy aufnehmen kann, bringt Ihnen das sehr schnell Feedback. Wenn es Ihnen peinlich ist, bleiben Sie bei Ihrem Spiegel. Wenn nicht, ist es eine perfekte Übung für Ihre ersten Auftritte und Aktivierungsrunden bei Senioren.

Alternativ können Sie sich zu Übungszwecken einfach einem Partner oder einer Partnerin gegenüber setzen und munter irgendetwas drauflos plappern. Achten Sie dabei stets auf die Mundbewegung – Ihr Gegenüber hat den gleichen Auftrag und wird Sie alarmieren, wenn Sie dies vergessen. Der Mund wird übrigens weiter geöffnet, wenn die Puppe lauter wird oder sogar schreit. Probieren Sie das einmal aus: Für einige Menschen ist die Übertreibung der ideale Einstieg. Runterfahren auf normale Lautstärke und Maulöffnung können Sie ja immer noch. Wenn Ihnen das so richtig Spaß macht, dann befinden Sie sich bereits auf dem richtigen Weg. Was jetzt noch fehlt ist der richtige und passende Blickkontakt zum Gegenüber.

Blickkontakt ist wichtig

Wie bei Kommunikation zwischen Menschen ist der präzise Blickkontakt zwischen Puppe und Gegenüber ganz besonders wichtig. Schauen Sie mit der Puppe am anderen vorbei, wirkt das Gesprochene nicht oder nur ein wenig. Das Komplizierte am Blickkontakt ist: Sie sehen die Augen Ihrer Puppe nicht. Ihre Fingerspitzen sind gewissermaßen Ihre Augen, die immerhin die Richtung angeben. Da Ihr Handgelenk beim Spielen und Sprechen etwas nach untern abgeknickt ist, wird es Ihnen am Anfang etwas schwer fallen. Hier hilft wieder nur Übung.

Position der Figur

Wenn Ihre Puppe auf Ihrem Oberschenkel sitzt, dann achten Sie beim Spielen bitte auch darauf, dass sie sitzen bleibt und nicht, weil Sie aufgeregt spielen, plötzlich beginnt in der Luft zu schweben.

Bei Ansprache Ihres Gegenübers richtet sich der Körper der Puppe auch nach vorn – beim Erschrecken weicht er zurück. Die Puppe darf auch auf Ihrem Oberschenkel liegen, bei Überraschung oder Schreck einfach umfallen usw. Den zahlreichen Möglichkeiten sind wirklich keine Grenzen gesetzt…

Bewegung der Puppenhand

Die spielbare Puppenhand ermöglicht Ihnen vieles. Sie können gestikulieren wie ein Mensch. Sie können zählen, die Puppenaugen bei Angst zuhalten, die Finger in den Mund nehmen oder einfach auch nur winken. Alles sind Möglichkeiten der Kontaktaufnahme resp. die Kommunikation zu unterstützen. Ausprobieren hilft Ihnen hier weiter.

Die Geschichte von La Befana
Ursprung im italienischen Volksglauben

Befana ist der Name einer Hexe des italienischen Volksglaubens. Sie sucht in der Nacht vom 5. auf den 6. Januar das Jesuskind. Dazu fliegt sie auf einem Besen von Haus zu Haus, bringt Geschenke oder Tadel in Form eines Stückes Kohle. Der Name stammt von dem Kirchfest der Heiligen Drei Könige Kaspar, Melchior und Balthasar namens Epiphanie ab. In dieser Sage heißt es, dass Befana vom Weihnachtsstern zur Krippe Jesu geführt werden sollte. Weil Befana sich zu spät auf den Weg machte, war der Stern am Himmel bereits erloschen. So beschenkte sie einfach alle Kinder in der Hoffnung, das Jesuskind werde schon dabei sein. Die Bestrafungen für böse Kinder unterblieben mit der Zeit: Befana ist mittlerweile im Volksmund positiv besetzt. Lediglich ihr Name besteht noch als Synonym für „Hässliche Frau."

Die Weihnachtshexe La Befana
Märchen für das Spiel mit großer Handpuppe

Zwischen den folgenden Dialogen stehen in Kursivtext die Spielanweisungen für Mensch und große Handpuppe. Genauer habe ich für die Vokabel „SpielerIn" entschieden um den Geschlechtern gerecht zu werden.

Der Autor geht davon aus, dass die Zuhörer von Ihnen vor Beginn des eigentlichen Märchens entsprechend begrüßt werden. Falls Sie dafür keine Idee haben, übernehmen Sie einfach die folgende Variante:

SpielerIn: Einen schönen guten Tag und herzlich Willkommen.

(zeigt auf Handpuppe, die auf seinem/ihrem Oberschenkel sitzt)

Mein Freund Micky und ich haben euch heute ein Weihnachtsmärchen mitgebracht.

Puppe: Es heißt „Die Weihnachtshexe La Befana".

(schaut SpielerIn an)

Und die kann richtig gut hexen, stimmt´s?

SpielerIn: Na klar. Ich glaube sogar, die kann von allen Hexen am besten hexen.

Puppe: Ich bin schon ganz aufgeregt.

(zum Publikum)

Ihr auch?

(Reaktion des Publikums abwarten)

Dann geht´s jetzt los!

SpielerIn: Die Sonne strahlte vom winterblauen Himmel und ließ die Schneehäubchen auf den Spitzen der Tannenbäume wie Silberschmuck glänzen.

Puppe: *(beugt Kopf nach unten und oben, ahmt Flugbewegung mit Spielhand nach)*

Toni sauste über die höchste Tanne weit und breit hinweg und setzte zum Sturzflug auf einen kleineren Baum an.

Spielerin: Dabei zischte der eisige Wind nur so durch sein schwarzes Gefieder. Kurz vor dem Baum lenkte er ein und schoss schnell wie ein Blitz wieder nach oben.

Puppe: Dort hoch über den Bäumen gefiel es dem Raben einfach am Besten.

(zeigt nach oben, legt dann Hand an Stirn zum Beobachten)

Von da aus hatte er eine tolle Aussicht und konnte die anderen Tiere des Waldes prima beobachten.

SpielerIn: Die hatten es jetzt im Winter sehr schwer. Sie verbrachten die meiste Zeit des Tages damit Futter zu suchen und vor allem auch zu finden.

Puppe: Für Toni war das kein Problem.

(schüttelt den Kopf)

Früher nicht und heute hier im Wald erst recht nicht.

SpielerIn: Als er früher noch in der Stadt Bruneck lebte, sorgten die Menschen mit ihrem Abfall dafür, dass er immer genug zu fressen hatte. Hier im Wald gab es im Winter keine Menschen.

Puppe: Im Sommer allerdings schon. Die vielen Spaziergänger machten gerne an der Lichtung weiter hinten ihr Picknick. Oft gelang es Toni ihnen etwas Leckeres aus dem Korb zu stibitzen.

SpielerIn: Doch jetzt in der kalten Jahreszeit machte kaum ein Mensch einen Ausflug in den Wald. Außerdem lag der Schnee mittlerweile so hoch, dass Fliegen wirklich einfacher war, als durch den kniehohen Schnee zu stapfen.

Puppe: „Wenn Menschen auch fliegen könnten", dachte Toni, „Na das wäre ein Gedränge hier oben in der Luft. Gut dass die das nicht können." Wenn Toni Hunger hatte, dann landete er einfach auf einem kleinen Baum…

(bewegt Kopf von links nach rechts, schaut dabei nach unten)

…und suchte den Waldboden ab. Toni war ein sehr kluger Rabe.

SpielerIn: Er wusste, dass Eichhörnchen im Herbst bevor der Schnee kommt, ihre Vorratslager im Boden anlegten. Sie verbuddelten eifrig Eicheln, Haselnüsse, Bucheggern und viele andere Leckereien. Alle davon standen ganz weit oben auf Tonis Speiseliste.

Puppe: Jetzt saß Toni gespannt auf dem Ast eines Tannenbaumes und suchte nach Eichhörnchen. Toni hatte großen Hunger und dachte die ganze Zeit schon an Eicheln und Nüsse. Plötzlich knackste es rechts unten von ihm.

(schaut nach rechts unten)

Blitzschnell erkannte Toni mit einem Blick das dunkelbraune Eichhörnchen das neben einer großen Baumwurzel zu buddeln anfing.

SpielerIn: Toni flatterte leise einen Ast tiefer und beobachtete weiter. Als das Eichhörnchen seinen Futterschatz gerade aus der Erde raus graben wollte, landete Toni ruck zuck ganz dicht neben ihm.

Puppe: *(springt auf)*

Mit einem Satz flüchtete das Eichhörnchen den Baumstamm hoch und war verschwunden. Toni fischte hocherfreut eine Nuss nach der anderen aus dem Versteck, zerschmetterte sie und ließ es sich gut schmecken.

SpielerIn: Dabei konnte er auch einige andere Tiere beobachten. Am Rande einer

Lichtung fraßen drei Rehe, weiter hinten hoppelten ein paar Hasen fröhlich vor sich hin. Sie schienen satt zu sein, denn Toni erkannte, dass sie miteinander spielten.

Puppe: Als der Rabe die letzte Eichel auf einem Stein zerschmetterte um an die leckere Frucht innen drin zu kommen, rannten Hasen und Rehe auf einen Schlag weg.

SpielerIn: Toni erkannte nicht gleich warum, fraß seine Eichel und flog gleich wieder hoch auf den nächsten Ast.

Puppe: Von dort aus konnte er nach wenigen Sekunden den Grund erkennen, warum sich alle Tiere so schnell versteckt hatten.

II

SpielerIn: Zufrieden schaute die kleine Hexe La Befana auf ihren Webstuhl. Sie war gerade dabei sich eine wärmende Decke zu weben. Schließlich war Winter und etwas Warmes zum Zudecken abends auf dem Sofa: Das konnte sie sehr gut gebrauchen.

Puppe: *(macht Handbewegung wie mit einem Zauberstab)*

Eigentlich könnte die Hexe sich die Decke einfach herbeizaubern. Aber das Weben war ihr Hobby und irgendwie musste sie sich ja den Tag vertreiben. Deshalb saß sie jeden Tag mehrere Stunden fleißig am Webstuhl und schob den Faden mal obenrum, mal untenrum um die Fäden auf dem Stuhl.

SpielerIn: Doch jetzt brauchte sie eine kleine Pause. Um ihren kleinen Haushalt hatte sie sich heute früh schon gekümmert. Ihre kleine Holzhütte bestand ja nur aus einem Zimmer und das war wirklich schnell aufgeräumt. Früher, als sie noch in Bruneck lebte, hatte sie ein größeres Haus und viel mehr zu tun gehabt. Doch die Menschen um sie herum, ihre Nachbarn, haben ihr den Spaß und die Freude am Leben in der Stadt genommen.

Puppe: „Bloß, weil ich so aussehe wie ich aussehe, haben die mich immer geärgert und verspottet", erinnerte sie sich.

La Befana war wirklich keine Schönheit: Sie war klein, hatte einen
Buckel und eine sehr große und
spitze Nase. Doch das allein war
nicht alles.

(zeigt auf seine Nase)

Auf der Nase saßen mindestens fünf
dunkle Warzen, die La Befana damals
einfach nicht weg hexen konnte.

SpielerIn: Mittlerweile hatte sich das erledigt. Die Hexe war in die kleine
Hütte auf dem Berg Kronplatz umgezogen und hatte eifrig das Hexen
geübt.

Puppe: Jetzt leuchtete ihre Nase blitzblank.

*(zeigt seine Nase, dreht Kopf wie
Model vor Kamera)*

Die vielen Warzen waren verschwunden, aber La Befana wollte ihren
Wald dennoch nie wieder verlassen
und zurück zu den Menschen ziehen.
Freunde hatte sie sowieso keine.

SpielerIn: Aber an Spaß fehlte es der Hexe auf
gar keinen Fall. Dafür sorgte ihr
Hexenbesen „Blitz", den sie für

ganz ganz viele tolle Sachen verwenden konnte.

Puppe: Ein Blick aus dem Fenster sagte der
Hexe, dass ihr Besen heute kräftig
gegen den Schnee vor der Hütte ankämpfen sollte.

SpielerIn: Sie warf sich eine warme Wolljacke
über, zog die schwarzen Stiefel an,
band sich ein Kopftuch über, griff
nach dem Besen und wollte die Hüttentür öffnen.

Puppe: *(zeigt mit Hand wie Befana schiebt)*

Doch diese ließ sich nur einige
Zentimeter aufschieben. Der gesamte
Platz vor den Hexenhäuschen war bis
an die Tür kniehoch völlig zugeschneit. „Na, jetzt hast Du richtig
viel zu tun: Los, feg´ weg den
Schnee. Hex´, hex´, Blitz!", befahl
sie ihrem Besen.

SpielerIn: Dieser zwängte sich flink durch den
schmalen Türspalt nach draußen und
begann mit seiner unbändigen Kraft
zuerst den Schnee vor der Tür weg
zu fegen, dass es nur so staubte.
Dann erst konnte La Befana ihre
Hütte verlassen.

Puppe: *(schaut sich um)*

Sie schaute sich kurz im Wald um, dann beobachtete sie weiter ihren fleißigen Besen bei der Arbeit.

III

SpielerIn: „Was ist das denn", fragte sich Toni, als er den Besen wie verrückt fegen sah. „Und deshalb sind die alle abgehauen?", fragte er sich.

Puppe: Dann bemerkte er eine kleine Frau, die aus der Hütte kam.

SpielerIn: „Na ja, ich bin neu hier. Die anderen Tiere kennen die beiden schon. Scheinbar haben die von denen nix Gutes zu erwarten", vermutete der Rabe.

Puppe: „Vielleicht sind die ja sogar böse? Und vor allem: Seit wann fegt ein Besen von ganz alleine?", fragte er sich dann.

SpielerIn: Er flog trotzdem mutig und sehr neugierig ein kleines Stückchen näher an das Hexenhäuschen heran. Auf einem Baumstumpf landete er leise.

Puppe: *(zieht Kopf ein)*

Seinen Kopf zog Toni ein wenig zwischen die Schultern, der schwarze Schnabel zeigte nach unten. Er machte sich ganz klein, damit er unentdeckt blieb und in Ruhe zuschauen konnte.

SpielerIn: Was Toni sah, erschien ihm reichlich komisch. Der Mund der kleinen Frau bewegte sich, er ging ständig auf und zu.

Puppe: Sie machte so:

(macht Mund schnell auf und zu)

Dabei schaute sie immer den Besen an. „Die redet mit einem Besen?" Für den Raben gab es keine vernünftige Antwort auf diese Frage. „Menschen sind doch manchmal sehr komisch", war sich Toni sicher. Dass das stimmt, wusste er ganz genau.

SpielerIn: Als kleiner Vogel war er aus dem Nest gefallen. Seine Eltern hatten ihn auch nicht weiter gefüttert.

Puppe: Zum Glück hatte ihn der kleine Giovanni gefunden und mit zu sich nach Hause genommen. Seine Eltern waren erst überhaupt nicht von ihrem neuen kleinen Mitbewohner begeistert.

SpielerIn: Sicherlich auch, weil sie gar nicht
wussten wie sie einen Babyraben
füttern sollten, ob er noch Wärme
brauchte, ach – „Die wussten wirklich nix", erinnert sich Toni, während die kleine Frau ihrem Besen
einen Vortrag nach dem anderen
hielt.

Puppe: Und es war ganz unterschiedlich:
Manchmal schien sie beinahe zu
flüstern und manchmal schrie sie
den Besen fast an. Doch Toni verstand kein einziges Wort. Dafür war
der Abstand doch noch etwas zu
weit.

SpielerIn: Schnell hatten die Menschen damals
herausgefunden, dass der kleine Toni am liebsten Insektenbrei fressen
mochte. Davon gab es dann auch
reichlich, so dass er rasch groß
und größer wurde. Gleich nach der
ersten Mahlzeit erhielt er auch
seinen Namen. „Toni" war die Idee
des Jungen, der ihn gefunden hatte.

Puppe: Dieses Wort hörte der Rabe täglich
mindestens 100 Mal: Nach sechs Wochen konnte er auch „Toni" rufen.

Das fanden die Menschen total Klasse. Überhaupt hatte er so viel von seinen Zieheltern gelernt, dass er ganz sicher behaupten konnte „Menschen sind manchmal wirklich komisch."

SpielerIn: Später, als er erwachsen und groß wie ein echter Kolkrabe geworden war, brachten sie ihn wieder zurück in den Wald. Genau an der Stelle, wo ihn der Junge gefunden hatte, ließen sie ihn wieder frei.

Puppe: Doch das gefiel Toni erst überhaupt nicht. Schließlich musste er erst lernen sich selbst wieder Futter zu organisieren. Doch das hatte er schnell geschafft. Vor allem weil er neugierig war und alles ausprobieren wollte.

Spielerin: Seine Neugierde trieb ihn jetzt dazu vom Baumstumpf weg zu fliegen. Mit ein paar kräftigen Flügelschlägen erhob er sich hoch in die Luft und landete sicher auf dem Dach der Holzhütte.

Puppe: *(macht sich klein, duckt sich)*

Dort machte er sich wieder so klein er konnte. Genau unter ihn stand

die alte Frau und redete – der Besen reinigte gerade den Weg von der
Hütte hinaus in den Wald.

IV

SpielerIn: „So machst Du das fein", lobte die
kleine Hexe La Befana ihren fleißi-
gen Besen. „Wie ein geölter Blitz",
dachte sie und musste innerlich anfangen zu lachen. Der Weg hinaus in
den Wald war bereits fast komplett
frei gefegt. La Befana war zufrieden.

Puppe: In Richtung Besen rief sie: "Wenn
Du fertig bist, kommst Du bitte
rein in die gute Stube!" Als sie
sich zur Hüttentür umdrehte, zuckte
sie vor Schreck zusammen. Ein
schwarzer Schatten war schnell über
sie hinweg geflogen und dann plötzlich wieder verschwunden.

SpielerIn: *(schaut nach oben)*

Die Hexe blickte nach oben und
schaute sich prüfend um. Erst war
nichts zu sehen. Doch dann erkannte
sie ein schwarzes Etwas, das sich
im weißen Schnee auf dem Dach ihrer
Hütte bewegte.

Puppe:	„Hallo, wer bist Du denn?", rief sie nach oben. Doch das schwarze Etwas regte sich nicht, La Befana hörte auch keinen Ton.
SpielerIn:	So langsam wurde sie echt ärgerlich: „Los, sag was oder ich komme zu Dir rauf", drohte sie.
Puppe:	Toni reckte seinen Kopf ein bisschen nach oben, lugte zur Frau nach unten und fragte keck: „Bitte, wie willst Du denn hier hoch kommen?"
SpielerIn:	„Na das kann ich Dir schnell beibringen", antwortete die Hexe La Befana sofort. "Blitz! Zu mir", befahl sie ihrem Besen.
Puppe:	Geschickt sprang sie auf und sauste im Nu hoch aufs Dach. Der starke Wind, der dabei entstand, pustete fast den gesamten Schnee vom Dach so dass Toni wie mit Puderzucker überzogen überrascht schlotternd vor der Hexe stand. Er flüsterte: „Menschen sind wirklich ganz komisch!"
SpielerIn:	„Was sagst Du?", fragte die Hexe. „Ich bin nicht komisch. Ich bin die kleine Hexe La Befana und ich kann fliegen. Hier mit meinem Besen."

Puppe: „Du bist eine Hexe? Eine echte Hexe?", fragte er. „Na klar", antwortete La Befana während sie immer noch auf dem Besen vor Toni in der Luft schwebte. Vor lauter Schreck hatte Toni völlig vergessen weg zu fliegen und zu flüchten.

SpielerIn: Doch dann fiel ihm ein, dass das überhaupt nichts gebracht hätte, weil die Hexe ja ganz bestimmt hinter ihm her geflogen wäre. So blieb ihm nichts anderes übrig als sich weiter mit der kleinen frechen Hexe zu unterhalten.

Puppe: Das klappte übrigens wirklich nur, weil La Befana als erfahrene Hexe die Sprache der Raben perfekt verstehen konnte.

SpielerIn: Und Toni kannte sich mit Menschen bekanntlich ja aus. Dass er auch mit einer Hexe reden konnte, wusste er erst seit diesem Moment. Und es machte ihm so langsam auch richtig Spaß.

Puppe: Was Toni und La Befana zu diesem Zeitpunkt noch nicht wussten: Das war damals der Anfang einer jahrelangen Freundschaft!

V

Puppe: „Was meinst Du? Fliegt sie heute überhaupt nicht?", wollte einer der Hasen vom Eichhörnchen wissen. „Ist sie doch schon. Nach oben zum Dach. Da saß der gemeine schwarze Räuber, der mir mein gesamtes Fressen geklaut hat", beklagte sich das Eichhörnchen beim Hasen und knabberte dabei weiter an einer Eichel, die es gerade ausgebuddelt hatte. „So einer hat mir mal mein gesamtes Nest leer gefressen. Alles!"

SpielerIn: Das Eichhörnchen wurde bei den Gedanken daran richtig böse. „Du weißt doch – ich meine…", sagte der Hase.

Puppe: „Ja ja", Du meinst ob sie wie gestern wieder den ganzen Wald verrückt macht", erwiderte das Eichhörnchen. „Ich weiß´ nicht, was heute hier noch passiert. Ich weiß nur eins: Ich fresse mich voll, wenn ich genug wiederfinde, was ich alles so eingegraben habe. Danach verkrieche ich mich in meinem Nest und schlafe erst einmal tief und fest. Mir ist es viel zu kalt. Im Nest ist es schön warm", freute es sich.

SpielerIn: „Du hast recht. Ich verschwinde auch gleich in meinem Bau", sagte der Hase und hoppelte davon. Die drei Rehe standen etwas abseits. Auch sie hatten sich wieder aus ihrem Versteck gewagt, trauten sich aber vorerst noch nicht näher heran. Nach einigen Minuten sprang das älteste Reh mutig soweit zur Hütte vor, dass es durchs Fenster sehen konnte, was darin passierte. Es stellte die Ohren auf, verdrehte dann ungläubig die Augen und war mit wenigen Sprüngen wieder zurück bei den beiden anderen.

Puppe: „Ihr glaubt nicht, was ich gesehen habe", prustete das älteste Reh sofort heraus. „Was denn? Los, erzähl schon!", forderten die beiden anderen es auf. „Die sitzen da drin und…", begann das Reh seine unglaubliche Geschichte. Die beiden anderen hörten ihm dabei sprachlos und gespannt zu.

VI

SpielerIn: „Ich will jetzt meinen Tee trinken und etwas essen", sagte die kleine Hexe La Befana und befahl ihrem Besen sie unten an der Tür ab zu setzen. „Was ist mit Dir?" fragte La Befana Richtung Toni, der immer noch auf dem Dach saß. „Willst Du mit?"

Puppe: Das ließ sich der Rabe nicht zweimal sagen. Vielleicht gab es ja auch für ihn etwas Leckeres zu fressen. „Wer weiß?", dachte er und erwiderte: „Na klar, wenn Du mich einlädst!" Sprach's, flatterte fix runter vom Dach und landete geschickt bei der kleinen Hexe auf der Schulter.

SpielerIn: „Schön warm hier drin", meine Toni und flatterte auf eine Stuhllehne am Küchentisch.

Puppe: „Blitz, Du hast jetzt Pause. Leg´ Dich auf den Fußboden", befahl La Befana ihrem Besen. „Er muss sich ausruhen. Ich brauche ihn gleich wieder", meinte die Hexe zu Toni.

SpielerIn: Dann zog sie sich Jacke und Kopftuch ab, ging zum Küchenherd, nahm den Wasserkessel herunter und goss sich heisses Wasser in die vorbereitete Teetasse. La Befana nahm auf dem zweiten Stuhl Platz, rührte mit einem Löffel in ihrem Teebecher herum und sah dabei Toni an. „Hast Du Durst oder Hunger?“, fragte sie.

Puppe: „Klar, ich habe immer Hunger“, behauptete der Rabe. „Das ist gut. Freu´ Dich, denn ich habe eine leckere Überraschung für Dich.“ La Befana griff zu einer großen Holzdose, die auf dem Küchentisch stand. „Mach mal die Augen zu“, bat sie Toni.

SpielerIn: Der gehorchte sofort, denn er mochte leckere Überraschungen sehr. Die Hexe öffnete die Dose, holte ein großes Stück Schinken heraus und legte es auf ein Holzschneidebrett.

Puppe: Mit einem großen Messer schnitt sie Scheiben ab und zerteilte diese in kleine Stückchen. „Augen zu habe ich gesagt“, meckerte sie Toni an.

SpielerIn: „Ich kann nicht anders – ich habe etwas gerochen, was mir sehr gut gefällt“, meinte er. La Befana stellte das Holzbrett mit den vielen kleinen Schinkenstückchen Toni direkt vor den Schnabel.

Puppe: „Und jetzt: Augen auf!“ Toni sah die Schinkenstücke und schlug vor Freude mit seinen Flügeln. Dann hüpfte er auf den Küchentisch und pickte sich ein Schinkenstückchen nach dem anderen. „Danke. Du bist eine sehr liebe Hexe", sagte Toni zu La Befana.

SpielerIn: „Gern geschehen, lass´ es Dir gut schmecken. Nachher habe ich noch eine Überraschung für Dich", versprach ihm die Hexe. „Ist die auch so lecker?", fragte Toni zwischen zwei Stückchen. „Wird Dir sehr gut gefallen", versprach die Hexe.

VII

Puppe: „Und Du bist Dir sicher, dass Du richtig geguckt hast?", fragte das kleinste Reh.

SpielerIn: „Ja klar, der Rabe wird von der Hexe mit Fressen vollgestopft", erwiderte das große Reh. „Ganz sicher, ich hab´s genau gesehen!"

Puppe: Die drei Rehe standen schon einige Zeit nicht mehr alleine an der Lichtung. Das vorwitzige Eichhörnchen hatte sich zu ihnen gesellt und genau zugehört. Es konnte die Geschichte überhaupt nicht glauben. „Erst klaut das schwarze Federvieh mir das Futter und zur Belohnung gibt es auch noch Fleisch von der Hexe. So was Ungerechtes", schimpfte das Eichhörnchen.

SpielerIn: Auch die Hasen waren aus ihrem Bau geschlüpft, denn sie wollten ebenfalls etwas von der Unterhaltung der anderen Tiere mitbekommen.

Puppe: „Sag´ Du doch mal was dazu", forderte das große Reh den schlausten Hasen auf. „Du weißt doch immer was zu sagen. Also?"

SpielerIn: Der Hase mümmelte ein wenig mit seiner Nase und sprach dann zu allen Tieren, die gespannt um ihn herumstanden und ihn anschauten: „Der Kolkrabe ist neu hier. Er ist nicht unser Freund. Die Hexe kann hexen. Sehr gut sogar. Ich habe es einmal versucht, bin auf einen Besen, der herumlag, geklettert und wollte losfliegen. Es hat nicht geklappt. Ich finde, die Hexe sollte jetzt im Winter nicht nur dem Raben etwas zu fressen besorgen, sondern auch uns. Schließlich sind wir alle ja auch ihre Nachbarn, oder?"

Puppe: Den anderen Tieren gefielen die Worte des Hasen sehr. Sie applaudierten ihm, so laut sie konnten. Die Rehe schlugen ihre Vorderhufe aneinander, dass es nur so knallte. Die anderen Hasen klopften mit ihren Hinterläufen, dass es den Schnee wegblies und das kleine Eichhörnchen rief „Muck, muck, muck – HüüühääH, Muck, muck, muck – HüüühääH", so laut es konnte. Dann war es plötzlich ganz leise.

SpielerIn: Alle Tiere dachten nach. „Und, wer sagt es ihr?", fragte das größte Reh nach einem Moment.

Puppe: „Wir sollten abstimmen", schlug der schlaue Hase den anderen vor.

SpielerIn: Doch es kam noch nicht zu der gewünschten Entscheidung.

Puppe: Das knarrende Geräusch der Hexenhaustür ließ alle Tiere zuerst vor Schreck erstarren.

(steht auf, tut so als wollte sie sich verstecken)

Doch dann flitzten sie los – jeder in sein Versteck.

VIII

SpielerIn: In der geöffneten Hüttentür stand La Befana mit Toni auf der Schulter. Die kleine Hexe hatte sich mit Jacke, Schal und Kopftuch warm eingepackt. Selbstverständlich trug sie wieder ihre schwarzen Stiefel.

Puppe: „Ganz schön kalt hier draußen", meinte Toni und bewegte seine Flügel langsam hoch und runter. „Und hier hast Du eine Überraschung für mich?", wollte der Rabe wissen.

SpielerIn: „Genau hier. Blitz, komm!", befahl sie ihrem Besen, ging einen Schritt vor die Tür und drückte sie zu. „Ordnung muss sein", meine La Befana zu Toni. „Jetzt geht es los."

Puppe: „Ich verstehe kein Wort", meinte Toni, als ihn die Hexe von ihrer Schulter auf den frisch gefegten Erdboden setzte. Sie hockte mittlerweile auf ihrem Besen, hielt sich am vorderen Teil des Besenstiels mit beiden Händen gut fest. „Ist doch ganz einfach, Toni.

Wir beide fliegen jetzt um die Wette. Ich auf dem Besen und Du so wie immer. Das ist meine Überraschung", erklärte La Befana.

SpielerIn: Toni war begeistert: "Abgemacht! Aber Du weißt schon, dass Du keine Chance hast", prahlte Rabe Toni. „Wo geht es lang?", fragte er.

Puppe: „Der Start ist hier vor der Hütte.

(zeigt geradeaus)

Dann fliegen wir über den gefegten Weg bis zur dicksten Tanne da hinten", sagte die Hexe.

SpielerIn: Dann wollten sie um die Tanne herum fliegen, steil nach oben über die Baumwipfel hin bis zur nächsten Lichtung.

Puppe: „Danach kommt der schwierigste Teil. Von der Lichtung an fliegen wir steil nach unten und rasen unten um die Bäume herum bis hierher zur Hütte. Das ist eine Runde."

SpielerIn: „Wie viele davon fliegen wir?", wollte Toni wissen.

Puppe: „Wirst Du schon sehen. Ab geht´s. Und – los!", befahl La Befana ihrem Besen.

SpielerIn: Blitzschnell schossen beide über den gefegten Weg dass es nur so staubte. Toni war völlig überrascht, flatterte dann los und versuchte La Befana einzuholen.

Puppe: „Krieg mich doch", rief ihm die Hexe zu, als sie auf ihrem Besen hinter der größten Tanne hoch bis zu den Wipfeln des Tannenwaldes raste.

SpielerIn: Toni kam recht gut in Schwung, holte gleich etwas auf und berührte in seiner Kurve beinahe die Tannenspitzen. Dabei fegte er den Schnee von den Ästen.

Puppe: Auf der Lichtung waren beide gleichauf.

(ahmt Flugbewegungen nach)

La Befana gelang der Sturzflug vom Wipfel der Bäume runter

nur knapp über den Waldboden ein klein wenig besser, als Toni. Beide wedelten mit riesiger Geschwindigkeit um die Bäume herum, dass es jedem anderen schwindlig geworden wäre. Dann erreichten sie die Hütte und flogen in ihre zweite Runde.

SpielerIn: Die Raserei, das Zischen des Besens in den Kurven und der von den Ästen herunter purzelnde Schnee sorgten dafür, dass sich alle Tiere, die hier lebten, lieber in Deckung gebracht hatten.

Puppe: Sie kannten diese Leidenschaft der kleinen Hexe sehr gut, schließlich machte sie ihre Flugübungen beinahe jeden Tag.

SpielerIn: Dennoch war es ihnen unheimlich – selbst die Waldvögel hatten Angst.

Puppe: An diesem Nachmittag flogen beide insgesamt 25 Runden. In der letzten Runde waren beide immer noch gleichauf und landeten nebeneinander völlig außer Puste vor der Hütte. „Erster!", riefen beide. Dann sahen sie sich an und mussten lachen.

SpielerIn: „Du bist richtig gut", lobte La Befana den Raben.

Puppe: „Und Du erst", gab Toni das Kompliment zurück. „Und was machen wir jetzt?", wollte Toni wissen. „Ich will rein. Will weiter weben", meinte die Hexe.

SpielerIn: „Gut. Ich mache es mir da drüben auf der Tannenspitze bequem. Wenn Du willst, können wir morgen wieder um die Wette fliegen", sagte Toni. „Sehr gerne. Mach´s gut, bis morgen", verabschiedete sich die Hexe vom Raben und ging in ihr Häuschen.

Puppe: Toni flog hoch auf die Tannenspitze und ruhte sich dort von ihrem Wettbewerb aus. Bald schloss er seine Augen und fiel in einen erholsamen Schlaf.

IX

SpielerIn: „Ist es jetzt endlich vorbei?", fragte das größte Reh die beiden anderen.

Puppe: „Ja, ich glaube, die sind fertig", hoffte das kleinste Reh. Alle drei waren beruhigt, denn so langsam wurde es dunkel.

SpielerIn: Nach wenigen Minuten hatten sich die anderen Tiere auch bei ihnen eingefunden.

Puppe: „Na dann können wir ja abstimmen, wer die Hexe um Futter fragt", sagte der schlaue Hase.

SpielerIn: „Geht in Ordnung. Ich finde, Du solltest es machen", meinte das Eichhörnchen.

Puppe: „Und ich meine, Du bist die Richtige", sagte der Hase zum größten Reh.

SpielerIn: Das Reh war sich sicher, dass das Eichhörnchen das vorwitzigste Tier sei und deshalb La Befana um Hilfe bitten sollte. „So kommen wir nicht weiter", meckerte der Hase und rümpfte dabei seine Nase.

Puppe: „Und was machen wir jetzt?", fragte das Eichhörnchen? „Von mir aus – ich mache das", versprach das Eichhörnchen.

SpielerIn: „Nein!", rief das kleinste Reh. „Wieso denn nicht", wollte das Eichhörnchen wissen.

Puppe: „Das gibt´s nicht. Schaut´ mal, da oben!"

(schaut nach oben)

Das kleinste Reh reckte dabei seinen Kopf nach oben Richtung Himmel. Alle anderen Tiere folgten seinem Blick und staunten.

SpielerIn: Oben am Nachthimmel leuchtete plötzlich ein großer Stern ganz hell.

Puppe: „Den habe ich hier noch nie gesehen", wusste der Hase. Alle anderen Tiere nickten, denn sie kannten sich am Himmel richtig gut aus. Doch dieses Licht war ihnen noch niemals aufgefallen.

SpielerIn: „Ich glaube, ich frage morgen die Hexe", versprach das größte Reh. Jetzt will ich erst einmal wissen, was dieser Stern da oben zu bedeuten hat.

X

Puppe: „Meint ihr, wir sind hier richtig", fragte der dunkelhäutige bärtige Mann seine beiden Begleiter.

SpielerIn: „Ja, schau doch. Da oben ist doch der Stern. Er zeigt genau in diese Richtung", sagte sein Begleiter. Alle drei folgten seit einigen Stunden diesem Stern.

Puppe: Der Stern sollte ihnen den Weg zu einem Königskind zeigen, das in dieser Nacht geboren wurde.

SpielerIn: In ihren Taschen hatten sie Geschenke für das Baby. Es war Gold, Weihrauch und Myrrhe.

Puppe: „So langsam krieg´ ich hier kalte Füße", sagte Balthasar. „Was ist dieses weiße Zeug hier eigentlich", wollte sein Freund Caspar wissen.

SpielerIn: „Das ist gefrorenes Wasser - Eiskristalle. Hier sagen die Menschen Schnee dazu", erklärte Melchior. So hieß der dritte Wanderer, der dem Stern folgte.

Puppe: Caspar, Melchior und Balthasar waren schon ziemlich lange unterwegs. Sie gönnten sich keine Pause, denn alle drei wollten unbedingt das Königskind finden.

SpielerIn: "Schaut mal, da vorne ist eine Hütte. Da können wir ja mal nachfragen, ob jemand etwas vom kleinen König weiß", schlug Melchior vor.

Puppe: „Gute Idee. Vielleicht können wir uns dort auch ein bisschen aufwärmen", hoffte Balthasar.

SpielerIn: Die drei stapften durch den tiefen Schnee. Sie freuten sich sehr, als sie den von Blitz gefegten Weg erreichten. Nur noch wenige Meter trennten sie von der Hütte der kleinen Hexe La Befana.

XI

Puppe: Die warme Decke war bald fertig. La Befana meinte dass es nur noch ein bis zwei Stunden dauern würde, dann könnte sie sich darin wohlig einkuscheln.

SpielerIn: Im Weben war sie richtig gut. Vor allem machte es ihr richtig viel Spaß. Fast so viel wie mit ihrem Besen herum zu fliegen.

Puppe: Blitz der Besen hatte jetzt schon einige Stunden Pause. Die hatte er sich ja auch wirklich echt verdient.

SpielerIn: La Befana besah sich sehr zufrieden ihre künftige Decke auf dem Webstuhl, als es aus der Richtung ihres Besens zu Zischen anfing.

Puppe: La Befana sah sich um. „Blitz, was ist los?", wollte sie wissen. Sekunden später hörte sie Schritte vor ihrer Hütte. Dann klopfte es an der Tür.

SpielerIn: La Befana stand auf, ging zur Tür und öffnete. Sie sah drei fremde Männer – einer davon hatte einen dunklen Bart und auch dunklere Hautfarbe als die anderen.

Puppe: „Ja bitte?", fragte die Hexe.

SpielerIn: „Guten Abend. Wir sind die drei Könige aus dem Morgenland", erklärte Melchior. „Mein Name ist Melchior. Die beiden neben mir sind Caspar und Balthasar", sagte er und zeigte auf seine Begleiter.

Puppe: „Guten Abend", erwiderte La Befana. „So, so: Ihr seid Könige. Und was wollt Ihr von mir?", wollte sie wissen.

SpielerIn: Die Hexe erfuhr von der Wanderung der drei Könige, dass sie immer hinter dem hellen Stern her zogen und dass sie auf der Suche nach dem neugeborenen Königskind seien.

Puppe: *(steht auf, schaut nach oben)*

La Befana ging einen Schritt vor die Tür und suchte den Himmel nach dem Stern ab.

SpielerIn: Das war einfach, denn dieser Stern leuchtete so hell, viel heller als alle anderen, so dass die Hexe den drei Männern dann auch glaubte.

Puppe: „Weißt Du denn etwas über das Königskind?", wollte Caspar von ihr wissen. „Man kann auch Christuskind dazu sagen", erläuterte er seine Frage.

SpielerIn: „Nein, tut mir leid. Ich saß die ganze Zeit an meinem Webstuhl. Es ist so kalt, da brauche ich dringend eine neue warme Decke. Tut mir leid", entschuldigte sich La Befana.

Puppe: „Vielleicht kannst Du uns ja bei unserer Suche helfen", wollte Melchior von ihr wissen.

SpielerIn: „Ja, da helfe ich Euch gerne. Aber ein oder zwei Stündchen wird es noch dauern. Erst muss ich meine Decke fertig weben", bedauerte die Hexe.

Puppe: „Schade", meinte Balthasar. „Können wir uns hier bei Dir ein bisschen aufwärmen? Draußen ist es wirklich bitter kalt", fragte er die Hexe.

SpielerIn: „Balthasar, nein, das wird zu spät. Lass uns weiter gehen", empfahl Caspar. Melchior war auch seiner Meinung und so stapften die drei Könige wieder hinaus in den Wald.

Puppe: La Befana dachte noch kurz über die drei Männer nach. Sie war ziemlich beeindruckt. Schließlich hatte sie noch niemals bisher echte Könige zu Besuch gehabt. Dann setzte sie sich wieder an ihren Webstuhl und arbeitet fröhlich weiter.

XII

SpielerIn: „Kann man hier nicht einmal in Ruhe schlafen", dachte Toni und blinzelte mit einem Auge hoch in den Himmel. Was er dort sah, hatte er noch nie gesehen. Ein so helles Licht gab es sonst nicht.

Puppe: Und Toni musste es ja schließlich wissen. Als Vogel war er ja dem Himmel stets näher als die Menschen und die anderen Tiere.

SpielerIn: Dann hörte er Schritte, danach eine Unterhaltung. Er sah drei Männer auf dem Weg zur Hexenhütte.

Puppe: Sie klopften an. La Befana öffnete die Tür und sprach mit ihnen. Am Schluss der Unterhaltung zuckte sie mit ihren Achseln und schüttelte den Kopf.

SpielerIn: Die drei Männer drehten sich um und gingen zurück in den Wald. La Befana winkte den Männern zum Abschied hinterher, kehrte zurück in ihre Hütte und schloss die Tür.

Puppe: Der Rabe schaute den Männern nach bis sie fast hinter den Bäumen verschwunden waren. Dann überraschte ihn ein gleißend helles Licht, das nur kurz aufleuchtete und dann erlosch. Die drei Männer waren danach verschwunden.

SpielerIn: Jetzt hatte es Toni gepackt. Er wurde neugierig und wollte unbedingt wissen, wer die Männer waren und was sie von der kleinen Hexe wollten.

Puppe: „Vielleicht hatten die ja auch Hunger nach Schinken und La Befana hat ihnen nichts abgegeben, weil sie morgen früh alles an mich verfüttern will", hoffte der Rabe.

SpielerIn: Einen Moment später war ihm klar, dass keiner nachts durch den Wald läuft um Fremde nach Schinken zu fragen.

Puppe: Also: „Was wollten die sonst von ihr", fragte Toni sich weiter. Er kam zu keiner Antwort. Da es ihm keine Ruhe ließ, erhob er seine Flügel, flatterte los und landete gekonnt auf der Fensterbank von La Befanas Hütte.

SpielerIn: Er sah, dass die Hexe am Webstuhl saß und immer die gleichen Bewegungen machte.

Puppe: „Na immerhin", dachte Toni. „Passiert ist ihr ja scheinbar nichts", war er sich sicher.

SpielerIn: Toni beobachtete La Befana noch eine kleine Weile. Dann pochte er mit seinem Schnabel vorsichtig an die Fensterscheibe. La Befana webte und webte. Sie schien sein Pochen nicht gehört zu haben.

Puppe: Toni pickte fester an die Scheibe. Es war wirklich sehr laut. „Das muss sie doch hören", war er sich sicher.

XIII

SpielerIn: „Das ist wirklich die schönste , die ich jemals gewebt habe", freute sich La Befana und war ganz in ihre Arbeit versunken.

Puppe: Während sie Fäden vernähte, fiel der Hexe wieder das Baby ein. „Ein Königskind soll das sein. Und die drei laufen hinter dem Stern her, der sie zu dem Kind führen soll", dachte sie. Plötzlich wurden ihre Gedanken von einem lauten Knall unterbrochen.

SpielerIn:	Dann klirrte es und die Fensterscheibe schepperte in Scherben auf ihren Fußboden. Im nun offen klaffenden Fensterloch stand der völlig verdatterte Rabe Toni.
Puppe:	„Was soll denn das? Was machst Du mit meinem Fenster, Du Unglücksrabe?", schimpfte La Befana Toni aus.
SpielerIn:	„Ich wollte…, ich meine…, Du solltest mich doch …, das war doch nur wegen…", stammelte der Rabe.
Puppe:	Toni sprang in die Hütte und flatterte auf die Lehne vom Küchenstuhl. Scheinbar war das sein Lieblingsplatz in La Befanas Zuhause.
SpielerIn:	„Ich hatte Angst um Dich. Ich habe die drei Männer gesehen und dachte, die wollen Dir etwas Böses antun. Schließlich bist Du doch ganz alleine", plapperte Toni rasend schnell vor sich hin.
Puppe:	„Du bist ja lieb. Da machst Du Dir Sorgen um mich. Das brauchst Du wirklich nicht. Du weißt doch: Ich bin eine Hexe. Und wenn einer was Böses will, dann verhexe ich ihn einfach. Dazu brauche ich nur mei-

nen großen Hexenhut", verriet sie ihm.

SpielerIn: Sie suchte die Hütte nach dem Hut ab, fand ihn am Haken an der Tür und setzte ihn sich auf den Kopf.

Puppe: „Siehst Du! So sieht eine richtige Hexe aus", sagte sie nicht ohne Stolz.

SpielerIn: Toni hatte sich schnell von seinem Schrecken erholt. Er flog von der Stuhllehne hoch und landete bei La Befana auf der linken Schulter.

Puppe: Dann drehte er seinen Kopf etwas nach rechts, schaute La Befana ins Gesicht und sagte feierlich: "Genau so sieht eine echte Hexe aus. Du brauchst doch den Raben auf der Schulter, stimmt´s?"

SpielerIn: La Befana musste lachen. Dann erzählte sie Toni die Geschichte von den drei Königen und dem hellen Stern am Himmel.

Puppe: „Ja genau! Den habe ich auch gesehen. Der war superhell", wusste Toni. „Und jetzt? Was machst Du jetzt?", wollte er wissen.

SpielerIn: „Jetzt ist meine Decke fertig und ich kann nach dem Königskind suchen. Blitz: Wir müssen einfach immer hinter dem Stern her fliegen", forderte sie ihren Besen auf mit nach draußen zu kommen.

Puppe: „Ich will auch mit", forderte Toni. La Befana hatte nichts dagegen. Sie gingen beide mit Besen ins Freie hinaus. Dann schauten sie entgeistert in den Himmel. „Der Stern ist weg", merkte Toni als erster.

SpielerIn: Blitz der Besen fing an zu zischen er wartete auf La Befanas Startzeichen. „Blitz, sei still." Sie suchte verzweifelt den ganzen Himmel ab.

Puppe: Doch der helle Stern war verschwunden. „Um Himmels Willen, wie finde ich denn jetzt die drei Männer und das Königskind?" La Befana wusste keinen Rat und auch Toni hatte keine Idee.

XIV

SpielerIn: „Los, wacht auf. Sofort!" Melchior richtete sich auf und rüttelte seine zwei Begleiter wach. Alle drei

Könige lagen in einer kleinen Höhle auf dem nackten Erdboden.

Puppe: „Wo sind wir hier?", fragte Caspar. Aber keiner der drei wusste eine Antwort. Besonders merkwürdig fanden sie, dass der Schnee verschwunden war. Außerdem war es überhaupt nicht mehr so kalt wie im Wald bei der kleinen Frau.

SpielerIn: Balthasar machte sich große Sorgen. „Wir lagen hier rum und haben geschlafen statt das Königskind zu finden", meckerte er. „Los auf: Weitersuchen!"

Puppe: Alle drei rappelten sich auf und gingen zum Ausgang der Höhle. Dort schauten sie sofort in den Himmel.

SpielerIn: Doch der leuchtende Stern war verschwunden.

XV

Puppe: Derweil rasten Toni und La Befana auf dem Besen Blitz über den Wald und die benachbarte Stadt. Dann erreichten sie die nächste Stadt und immer und überall suchten sie nach den drei Königen.

SpielerIn: Toni saß mit auf dem Besen. Und Blitz machte seinem Namen wirklich alle Ehre.

Puppe: „So schnell habe ich ihn noch nie erlebt", schrie La Befana. Der kalte Wind zischte ihnen nur so um die Ohren.

SpielerIn: „Man versteht sein eigenes Wort nicht", rief sie Toni zu.

Puppe: „Was hast Du gesagt?", fragte der Rabe.

SpielerIn: „Ist schon gut. Lass und zurückfliegen. Wir überlegen uns zu Hause etwas Neues", empfahl La Befana.

Puppe: Die drei Männer hatten sie nicht gefunden. Nun machten sie sich enttäuscht auf den Rückflug zum Kronplatz.

XVI

SpielerIn: „Und wie sollen wir das Königskind jetzt finden", fragte sich Balthasar.

Puppe: Die anderen schüttelten den Kopf. Auch sie wussten ohne Stern keinen Weg.

SpielerIn: „Hallo und guten Morgen! Kommt mal zu uns", rief ihnen jemand zu.

Puppe: Beim genauen Hinschauen entdeckten die drei Könige einige Ziegen, viele Schafe und fünf Männer, die hinter den Tieren herliefen.

SpielerIn: „Guten Morgen, was gibt´s", wollte Melchior von ihnen wissen. Die Schaf- und Ziegenherde machte halt.

Puppe: „Wir sind die Hirten. Wir sollen Euch den Weg zum Königskind zeigen", erklärte der vordere der fünf.

SpielerIn: „Ihr kennt den Weg?" Caspar wollte es erst gar nicht glauben.

Puppe: Doch dann überzeugte ihn dieser Satz: „Das hat uns der Engel gesagt. Genau der Engel, der Euch aus dem tiefen Wald hierher gebracht hat."

SpielerIn: So langsam dämmerte es den drei Königen. Schnell machten sie sich gemeinsam mit den Hirten und ihrer Herde auf in Richtung Königskind.

XVII

Puppe: Zuhause angekommen, wärmten sich La Befana und Toni im Hexenhäuschen erst einmal ein wenig auf.

SpielerIn: Blitz der Besen lag erschöpft auf der Erde. Kein Zischen war zu hören: Er schlief.

Puppe: „Und jetzt finden wir das Königskind nie mehr." „Und wir können ihm auch überhaupt nichts schenken, so wie die drei Könige, die hier bei Dir waren", bedauerte Toni.

SpielerIn: Der Rabe bekam zum Trösten ein paar Stückchen Schinken, La Befana schlürfte ihren Tee und kaute an einem Stück Brot. Beide schwiegen sich an, keiner sagte ein Wort. Dann hatte die Hexe die zündende Idee.

Puppe: „Vielleicht ist das Kind ja hier irgendwo in der Nähe. Ich könnte doch jedem Kind etwas schenken, dann ist das Königskind bestimmt auch dabei", prustete sie zwischen zwei Schlucken Tee ihren Einfall heraus. „Was meinst Du dazu?", wollte sie vom Raben wissen.

SpielerIn: „Tolle Idee. Aber woher willst Du denn die vielen Geschenke nehmen? Und wie lange brauchst Du dann dafür?"

Puppe: Toni traute La Befana das nicht zu.

(schüttelt den Kopf)

„Ich glaube nicht dass Du das schaffst."

SpielerIn: „Na, wenn Du mir dabei hilfst, kriege ich das schon hin. Und über die Geschenke mach Dir bitte mal keine Sorgen", versprach die Hexe.

Puppe: „Und bitte - wie genau soll das gehen?", fragte Toni.

SpielerIn: „Mein lieber kecker Rabe. Wie Du weißt bin ich doch eine Hexe. Und was können Deiner Meinung nach Hexen am besten?"

Puppe: „Na auf ihrem Besen fliegen. Das kannst Du. Das habe ich ja eben miterlebt. Kein Vogel der Welt kann das so schnell."

SpielerIn: „Nein", widersprach die Hexe. „Das Fliegen meine ich nicht. Was können Hexen noch?" Toni überlegte einige Sekündchen, kam aber nicht darauf.

Puppe: „Na ist doch ganz einfach: Hexen können einfach sehr gut hexen. Weißt Du was das heißt?"

SpielerIn: Der Rabe hatte keine Ahnung. Schließlich war La Befana ja die erste und einzige Hexe, die er kannte.

Puppe: „Schau mal auf den Tisch vor Dir. Wünsch Dir was!", forderte die Hexe den Raben auf.

SpielerIn: „Wie, was soll ich mir denn wünschen?", fragte Toni.

Puppe: „Na was Du willst. Mach schon!" Der Rabe schüttelte erst einige Male ungläubig seinen Kopf hin und her. Doch dann sagte er: "Ich wünsche mir eine große Schale Insektenbrei!"

SpielerIn: La Befana freute sich. Sie setzte ihren Zauberhut auf und sagte: "Fliegenbein und Grillenschenkel, Bienenkopf und Ameisenei: Insektenbrei komm herbei! Hex´ hex´!"

Puppe: Plötzlich zuckte eine kleine Flamme dicht über dem Küchentisch. Sie hinterließ mit einem lauten "Puff" eine Rauchwolke. Als die sich verzogen hatte erkannte Toni eine tonfarbige Schale voller Insektenbrei.

SpielerIn: „Potzblitz, was kannst Du denn?" Toni war völlig baff. Er sah erst in die Schale, dann zur Hexe und fragte „Darf ich das essen?"

Puppe: „Na klar, das habe ich ja für Dich gehext. Und genau so mache ich das auch mit den Geschenken für alle Kinder. „Jetzt guten Appetit, lass Dir Deinen Brei schmecken. Wir müssen uns beeilen!", forderte La Befana Toni auf.

XVIII

SpielerIn: „Das Königskind liegt in einem Stall aus Holz in einer Futterkrippe. Es ist ein Junge. Seine Mutter und sein Vater sind bei ihm. Allen dreien geht es sehr gut", erzählten die Hirten.

Puppe: Die drei Könige aus dem Morgenland waren von der guten Nachricht hocherfreut und konnten es gar nicht abwarten das Kind zu sehen.

SpielerIn: Froh waren sie auch, dass die Sonne über ihren Köpfen schien. Überall war es warm. Und es lag nirgendwo mehr Schnee. Auf dem Weg zum Stall spürten die Männer warmen Sand unter ihren Füßen.

XIX

Puppe: Toni hielt sich am Kragen von La Befanas Jacke richtig gut fest, denn Blitz machte seinem Namen wieder einmal alle Ehre. Rasant kreisten die drei über Wald und zugeschneite Wiesen bis sie zum ersten Haus kamen. Dort landeten sie auf dem Dach neben dem Schornstein.

SpielerIn: „Wohnt hier ein liebes Kind?", wollte La Befana wissen.

Puppe: „Wieso ist das denn wichtig?", fragte Toni.

SpielerIn: „Na ja. Ich dachte nur die lieben Kinder bekommen tolle Geschenke", erklärte die Hexe.

Puppe: „Und die anderen? Was machst Du mit denen?" Toni wollte es wissen.

SpielerIn: „Die bekommen von mir nur ein Stück Kohle", sagte die Hexe.

Puppe: „Kohle?"

SpielerIn: „Ja, Kohle!"

Puppe: „Meine liebenswürdige Hexe La Befana. Wir suchen das Königskind, wissen aber nicht wo es sich versteckt. Nachher schenkst Du genau dem Kind ein Stückchen Kohle? Hältst Du das für eine tolle Idee?"

SpielerIn: Toni war entsetzt, dass der Hexe so etwas überhaupt eingefallen ist. La Befana schaute von Dach auf die anderen Häuser und überlegte.

Puppe: „Womöglich hast Du ja recht. Das mit der echten Kohle lasse ich weg. Ich verteile eben an alle auch zusätzlich etwas Süßes, das nur so aussieht wie Kohle."

SpielerIn: „Das gefällt mir schon viel besser", freute sich Toni.

Puppe: „Los jetzt – die Kinder warten!"

SpielerIn: So kam es, dass die Weihnachtshexe La Befana gemeinsam mit ihrem Kolkraben Toni in dieser Nacht von Haus zu Haus zog und durch die Schornsteine allen Kindern Geschenke brachte.

Puppe: Das Königskind haben beide dabei nicht entdeckt. Doch Toni erkannte das Haus von Giovannis Eltern. „Da schau! In diesem Haus bin ich groß geworden. Da wohnt der Junge, der mich damals gerettet hat", erzählte Toni ganz aufgeregt.

SpielerIn: „Na dann gibt es hier ein besonders großes Geschenk", freute sich La Befana.

XX

Puppe: „Da vorne! Da steht der Stall mit der Krippe!"

SpielerIn: Einer der Hirten zeigte auf eine kleine Holzhütte. Davor hatten sich viele Tiere versammelt. Alle schauten ganz andächtig in den Stall herein. Die Hirten näherten sich, blieben dann stehen und ließen den drei Königen den Vortritt.

Puppe: Diese traten vor das Königskind, strichen ihm über die Stirn und legten dann ihre Geschenke vor ihm ab. Erst dann begrüßten sie Mutter und Vater.

SpielerIn: Sie verbrachten dann noch einige frohe Stunden bei dem Königskind im Stall.

XXI

Puppe: „Das machen wir nächstes Jahr wieder", freute sich La Befana als sie am frühen Morgen vor ihrer Hütte landeten. „Wenn Du mich mitnimmst bin ich dabei", versprach Toni.

SpielerIn: Allen beiden hatte es sehr viel Spaß gemacht allen Kindern mit ihrer Überraschung eine Freude zu bereiten. „Ich hab´ einen Riesenhunger", meinte die Hexe.

Puppe: „Und ich erst", wusste der Rabe.

SpielerIn: Als beide in die Hütte hineingehen wollten, sprach sie jemand von hinten an. La Befana und Toni drehten sich um und sahen ein großes Reh.

Puppe: „Guten Morgen!", sagte das Reh.

SpielerIn: „Was gibt´s?", wollte La Befana wissen.

Puppe: „Ich wurde von allen Tieren auserwählt mit Dir zu sprechen." Das Reh zögerte etwas.

Spielerin: „Und was sollst Du mir sagen?", fragte La Befana.

Puppe: Das Reh trat einen kleinen Schritt zurück und schaute dabei nach hinten in den Wald.

(dreht sich um)

SpielerIn: Toni folgte ihrem Blick und sah zwei Rehe, einige Hasen und ein Eichhörnchen, die sie gespannt beobachteten und ihnen zuhörten.

Puppe: „Es ist Winter und wir finden kaum noch etwas zu fressen. Du bist eine Hexe und kannst doch bestimmt zaubern, oder?", fragte das Reh.

SpielerIn: „Hexen heißt das, hexen", erklärte La Befana.

Puppe: „Und wie sie hexen kann. Die ganze Nacht hat sie Geschenke gehext. Ohne Pause", erzählte der Rabe Toni stolz.

SpielerIn: Das Reh räusperte sich leise und fragte die Hexe dann: „Kannst Du uns nicht etwas zu fressen herbei hexen? Nicht immer – aber immer dann wenn so viel Schnee fällt, dass wir überhaupt nichts finden können", bat das Reh.

Puppe: Die Hexe La Befana lächelte und ging auf das Reh zu. Sie streichelte es über den Rücken und versprach: "Ihr werdet es am besten wissen, wann Ihr etwas braucht. Klopft dann an meine Tür und ich hexe Euch was Leckeres in Eure Krippe."

SpielerIn: „In welche Krippe?", fragten die anderen Tiere im Chor.

Puppe: La Befana griff an ihren Hexenhut und sprach: „Kripp´ aus Holz, voll Heu und Stroh, Komm her und mach die Tiere froh. Hex´, hex´." Dann blitze und rauchte es.

SpielerIn: Als sich der Qualm verzogen hatte sahen alle neben dem gefegten Weg eine große Futterkrippe mit Dach zum Schutz gegen Schnee und Regen stehen.

Puppe: Sie war mit Heu und Stroh bis an den Rand gefüllt. Die Tiere im Wald jubelten, liefen zur Krippe und begannen ihr leckerstes Mahl des Winters.

SpielerIn: La Befana strahlte, Toni freute sich und sogar Blitz zischte ein wenig. Dann gingen sie in das Hexenhäuschen und ließen sich ihr Frühstück schmecken. Denn das hatten alle drei ja ganz bestimmt verdient.

Puppe: Und wenn sie nicht gestorben sind, dann fliegen sie jedes Jahr um die gleiche Zeit über die Dächer und überraschen alle Kinder.

SpielerIn: Und die kennen La Befana bereits.

Puppe: Manche rufen sie sogar: „La Befana vien di Notte, con le scarpe tutte rotte, il cappello alla romana, viva viva la Befana ."

SpielerIn: Auf Deutsch heißt das: „Die Befana kommt bei Nacht, mit ihr'n ganz kaputten Schuhen, mit dem Hut auf rö-

misch Art, Hoch soll leben die Befana!"

-Ende-

Die Weihnachtshexe La Befana
Das Märchen zum Vorlesen

I

Die Sonne strahlte vom winterblauen Himmel und ließ die Schneehäubchen auf den Spitzen der Tannenbäume wie Silberschmuck glänzen. Toni sauste über die höchste Tanne weit und breit hinweg und setzte zum Sturzflug auf einen kleineren Baum an. Dabei zischte der eisige Wind nur so durch sein schwarzes Gefieder. Kurz vor dem Baum lenkte er ein und schoss schnell wie ein Blitz wieder nach oben. Dort hoch über den Bäumen gefiel es dem Raben einfach am Besten. Von da aus hatte er eine tolle Aussicht und konnte die anderen Tiere des Waldes prima beobachten. Die hatten es jetzt im Winter sehr schwer. Sie verbrachten die meiste Zeit des Tages damit Futter zu suchen und vor allem auch zu finden. Für Toni war das kein Problem. Früher nicht und heute hier im Wald erst recht nicht. Als er früher noch in der Stadt Bruneck lebte, sorgten die Menschen mit ihrem Abfall dafür, dass er immer genug zu Fressen hatte. Hier im Wald gab es im Winter keine Menschen. Im Sommer allerdings schon. Die vielen Spaziergänger machten gerne an der Lichtung weiter hinten ihr Picknick. Oft gelang es Toni ihnen etwas Leckeres aus dem Korb zu stibitzen. Doch jetzt in der kalten Jahreszeit machte kaum ein Mensch einen Ausflug in den Wald. Außerdem lag der Schnee mittlerweile so hoch, dass Fliegen wirklich einfacher war, als durch den kniehohen Schnee zu stapfen. „Wenn Menschen auch fliegen könnten", dachte Toni, „Na das wäre ein Gedränge hier oben in der Luft. Gut dass die das nicht können." Wenn Toni Hunger hatte, dann landete er einfach auf einem kleinen Baum und suchte den Waldboden ab. Toni war ein sehr kluger Rabe. Er wusste, dass Eichhörnchen im Herbst bevor der Schnee kommt, ihre Vorratslager im Boden anlegten. Sie verbuddelten eifrig Eicheln, Haselnüsse, Bucheggern und viele andere Leckereien. Alle davon standen ganz weit oben auf Tonis Speiseliste.

Jetzt saß Toni gespannt auf dem Ast eines Tannenbaumes und suchte nach Eichhörnchen. Toni hatte großen Hunger und dachte die ganze Zeit schon an Eicheln und Nüsse. Plötzlich knackste es rechts unten von ihm. Blitzschnell erkannte Toni mit einem Blick das dunkelbraune Eichhörnchen das neben einer großen Baumwurzel zu buddeln anfing. Toni flatterte leise einen Ast tiefer und beobachtete weiter. Als das Eichhörnchen seinen Futterschatz gerade aus der Erde raus graben wollte, landete Toni ruck zuck ganz dicht neben ihm. Mit einem Satz flüchtete das Eichhörnchen den Baumstamm hoch und war verschwunden. Toni fischte hocherfreut eine Nuss nach der anderen aus dem Versteck, zerschmetterte sie und ließ es sich gut schmecken. Dabei konnte er auch einige andere Tiere beobachten. Am Rande einer Lichtung fraßen drei Rehe, weiter hinten hoppelten ein paar Hasen fröhlich vor sich hin. Sie schienen satt zu sein, denn Toni erkannte, dass sie miteinander spielten. Als der Rabe die letzte Eichel auf einem Stein zerschmetterte um an die leckere Frucht innen drin zu kommen, rannten Hasen und Rehe auf einen Schlag weg. Toni erkannte nicht gleich warum, fraß seine Eichel und flog gleich wieder hoch auf den nächsten Ast. Von dort aus konnte er nach wenigen Sekunden den Grund erkennen, warum sich alle Tiere so schnell versteckt hatten.

II

Zufrieden schaute die kleine Hexe La Befana auf ihren Webstuhl. Sie war gerade dabei sich eine wärmende Decke zu weben. Schließlich war Winter und etwas Warmes zum Zudecken abends auf dem Sofa: Das konnte sie sehr gut gebrauchen. Eigentlich könnte die Hexe sich die Decke einfach herbeizaubern. Aber das Weben war ihr Hobby und irgendwie musste sie sich ja den Tag vertreiben. Deshalb saß sie jeden Tag mehrere Stunden fleißig am Webstuhl und schob den Faden mal obenrum, mal untenrum um die Fäden auf dem Stuhl. Doch jetzt brauchte sie eine kleine Pause. Um ihren kleinen Haushalt hatte sie sich heute früh schon gekümmert. Ihre kleine Holzhütte bestand ja nur aus einem Zimmer und das war wirklich schnell aufgeräumt. Früher, als sie noch in Bruneck lebte, hatte sie ein größeres Haus und viel mehr zu tun gehabt. Doch die Menschen um sie herum, ihre Nachbarn, haben ihr den Spaß und die Freude am Leben in der Stadt genommen. „Bloß, weil ich so aussehe wie ich aussehe, haben die mich immer geärgert und verspottet", erinnerte sie sich. La Befana war wirklich keine Schönheit: Sie war klein, hatte einen Buckel und eine sehr große und spitze Nase. Doch das allein war nicht alles. Auf der Nase saßen mindestens fünf dunkle Warzen, die La Befana damals einfach nicht weg hexen konnte. Mittlerweile hatte sich das erledigt. Die Hexe war in die kleine Hütte auf dem Berg Kronplatz umgezogen und hatte eifrig das Hexen geübt. Jetzt leuchtete ihre Nase blitzblank. Die vielen Warzen waren verschwunden, aber La Befana wollte ihren Wald dennoch nie wieder verlassen und zurück zu den Menschen ziehen. Freunde hatte sie sowieso keine. Aber an Spaß fehlte es der Hexe auf gar keinen Fall. Dafür sorgte ihr Hexenbesen „Blitz", den sie für ganz ganz viele tolle Sachen verwenden konnte.

Ein Blick aus dem Fenster sagte der Hexe, dass ihr Besen heute kräftig gegen den Schnee vor der Hütte ankämpfen sollte. Sie warf sich eine warme Wolljacke über, zog die schwarzen Stiefel an, band sich ein Kopftuch über, griff nach dem Besen und wollte die Hüttentür öffnen. Doch diese ließ sich nur einige Zentimeter aufschieben. Der gesamte Platz vor den Hexenhäuschen war bis an die Tür kniehoch völlig zugeschneit. „Na, jetzt hast Du richtig viel zu tun: Los, feg´ weg den Schnee. Hex´, hex´, Blitz!", befahl sie ihrem Besen. Dieser zwängte sich flink durch den schmalen Türspalt nach draußen und begann mit seiner unbändigen Kraft zuerst den Schnee vor der Tür weg zu fegen, dass es nur so staubte. Dann erst konnte La Befana ihre Hütte verlassen.

Sie schaute sich kurz im Wald um, dann beobachtete sie weiter ihren fleißigen Besen bei der Arbeit.

III

„Was ist das denn", fragte sich Toni, als er den Besen wie verrückt fegen sah. „Und deshalb sind die alle abgehauen?", fragte er sich. Dann bemerkte er eine kleine Frau, die aus der Hütte kam. „Na ja, ich bin neu hier. Die anderen Tiere kennen die beiden schon. Scheinbar haben die von denen nix Gutes zu erwarten", vermutete der Rabe. „Vielleicht sind die ja sogar böse? Und vor allem: Seit wann fegt ein Besen von ganz alleine?", fragte er sich dann. Er flog trotzdem mutig und sehr neugierig ein kleines Stückchen näher an das Hexenhäuschen heran. Auf einem Baumstumpf landete er leise. Seinen Kopf zog Toni ein wenig zwischen die Schultern, der schwarze Schnabel zeigte nach unten. Er machte sich ganz klein, damit er unentdeckt blieb und in Ruhe zuschauen konnte. Was Toni sah, erschien ihm reichlich komisch. Der Mund der kleinen Frau bewegte sich, er ging ständig auf und zu. Dabei schaute sie immer den Besen an. „Die redet mit einem Besen?" Für den Raben gab es keine vernünftige Antwort auf diese Frage. „Menschen sind doch manchmal sehr komisch", war sich Toni sicher. Dass das stimmt, wusste er ganz genau. Als kleiner Vogel war er aus dem Nest gefallen. Seine Eltern hatten ihn auch nicht weiter gefüttert. Zum Glück hatte ihn der kleine Giovanni gefunden und mit zu sich nach Hause genommen. Seine Eltern waren erst überhaupt nicht von ihrem neuen kleinen Mitbewohner begeistert. Sicherlich auch, weil sie gar nicht wussten wie sie einen Babyraben füttern sollten, ob er noch Wärme brauchte, ach – „Die wussten wirklich nix", erinnert sich Toni während die kleine Frau ihrem Besen einen Vortrag nach dem anderen hielt. Und es war ganz unterschiedlich: Manchmal schien sie beinahe zu flüstern und manchmal schrie sie den Besen fast an. Doch Toni verstand kein einziges Wort. Dafür war der Abstand doch noch etwas zu weit. Schnell hatten die Menschen damals herausgefunden, dass der kleine Toni am liebsten Insektenbrei fressen mochte. Davon gab es auch reichlich, so dass er rasch groß und größer wurde. Gleich nach der ersten Mahlzeit erhielt er auch seinen Namen. „Toni" war die Idee des Jungen, der ihn gefunden hatte. Dieses Wort hörte der Rabe täglich mindestens 100 Mal: Nach sechs Wochen konnte er auch „Toni" rufen. Das fanden die Menschen total Klasse. Überhaupt hatte er so viel von seinen Zieheltern gelernt, dass er ganz sicher behaupten konnte „Menschen sind manchmal wirklich komisch." Später, als er erwachsen und groß wie ein echter Kolkrabe geworden war, brachten sie ihn wieder zurück in den Wald. Genau an der Stelle, wo ihn der Junge gefunden hatte, ließen sie ihn wieder frei. Doch das gefiel Toni erst überhaupt nicht. Schließlich musste er erst lernen sich selbst wieder Futter zu organisieren. Doch das hatte er schnell geschafft. Vor allem weil er neugierig war und alles ausprobieren wollte.

Seine Neugierde trieb ihn jetzt dazu vom Baumstumpf weg zu fliegen. Mit ein paar kräftigen Flügelschlägen erhob er sich hoch in die Luft und landete sicher auf dem Dach der Holzhütte. Dort machte er sich wieder so klein er konnte. Genau unter ihn stand die alte Frau und redete – der Besen reinigte gerade den Weg von der Hütte hinaus in den Wald.

IV

„So machst Du das fein", lobte die kleine Hexe La Befana ihren fleißigen Besen. „Wie ein geölter Blitz", dachte sie und musste innerlich anfangen zu lachen. Der Weg hinaus in den Wald war bereits fast komplett frei gefegt. La Befana war zufrieden. In Richtung Besen rief sie: "Wenn Du fertig bist, kommst Du bitte rein in die gute Stube!" Als sie sich zur Hüttentür umdrehte, zuckte sie vor Schreck zusammen. Ein schwarzer Schatten war schnell über sie hinweg geflogen und dann plötzlich wieder verschwunden. Die Hexe blickte nach oben und schaute sich prüfend um. Erst war nichts zu sehen. Doch dann erkannte sie ein schwarzes Etwas, das sich im weißen Schnee auf dcm Dach ihrer Hütte bewegte. „Hallo, wer bist Du denn?", rief sie nach oben. Doch das schwarze Etwas regte sich nicht, La Befana hörte auch keinen Ton. So langsam wurde sie echt ärgerlich: „Los, sag was oder ich komme zu Dir rauf", drohte sie. Toni reckte seinen Kopf ein bisschen nach oben, lugte zur Frau nach unten und fragte keck: „Bitte, wie willst Du denn hier hoch kommen?" „Na das kann ich Dir schnell beibringen", antwortete die Hexe La Befana sofort. "Blitz! Zu mir", befahl sie ihrem Besen. Geschickt sprang sie auf und sauste im Nu hoch aufs Dach. Der starke Wind, der dabei entstand, pustete fast den gesamten Schnee vom Dach so dass Toni wie mit Puderzucker überzogen überrascht schlotternd vor der Hexe stand. Er flüsterte: „Menschen sind wirklich ganz komisch!" „Was sagst Du?", fragte die Hexe. „Ich bin nicht komisch. Ich bin die kleine Hexe La Befana und ich kann fliegen. Hier mit meinem Besen." „Du bist eine Hexe? Eine echte Hexe?", fragte er. „Na klar", antwortete La Befana während sie immer noch auf dem Besen vor Toni in der Luft schwebte. Vor lauter Schreck hatte Toni völlig vergessen weg zu fliegen und zu flüchten. Doch dann fiel ihm ein, dass das überhaupt nichts gebracht hätte, weil die Hexe ja ganz bestimmt hinter ihm her geflogen wäre. So blieb ihm nichts anderes übrig als sich weiter mit der kleinen frechen Hexe zu unterhalten.

Das klappte übrigens wirklich nur, weil La Befana als erfahrene Hexe die Sprache der Raben perfekt verstehen konnte. Und Toni kannte sich mit Menschen bekanntlich ja aus. Dass er auch mit einer Hexe reden konnte, wusste er erst seit diesem Moment. Und es machte ihm so langsam auch richtig Spaß. Was Toni und La Befana zu diesem

Zeitpunkt noch nicht wussten: Das war damals der Anfang einer jahrelangen Freundschaft!

V

„Was meinst Du? Fliegt sie heute überhaupt nicht?", wollte einer der Hasen vom Eichhörnchen wissen. „Ist sie doch schon. Nach oben zum Dach. Da saß der gemeine schwarze Räuber, der mir mein gesamtes Fressen geklaut hat", beklagte sich das Eichhörnchen beim Hasen und knabberte dabei weiter an einer Eichel, die es gerade ausgebuddelt hatte. „So einer hat mir mal mein gesamtes Nest leer gefressen. Alles!" Das Eichhörnchen wurde bei den Gedanken daran richtig böse. „Du weißt doch – ich meine…", sagte der Hase. „Ja ja", Du meinst ob sie wie gestern wieder den ganzen Wald verrückt macht", erwiderte das Eichhörnchen. „Ich weiß´ nicht, was heute hier noch passiert. Ich weiß nur eins: Ich fresse mich voll, wenn ich genug wiederfinde, was ich alles so eingegraben habe. Danach verkrieche ich mich in meinem Nest und schlafe erst einmal tief und fest. Mir ist es viel zu kalt. Im Nest ist es schön warm", freute es sich. „Du hast recht. Ich verschwinde auch gleich in meinem Bau", sagte der Hase und hoppelte davon. Die drei Rehe standen etwas abseits. Auch sie hatten sich wieder aus ihrem Versteck gewagt, trauten sich aber vorerst noch nicht näher heran. Nach einigen Minuten sprang das älteste Reh mutig soweit zur Hütte vor, dass es durchs Fenster sehen konnte, was darin passierte. Es stellte die Ohren auf, verdrehte dann ungläubig die Augen und war mit wenigen Sprüngen wieder zurück bei den beiden anderen. „Ihr glaubt nicht, was ich gesehen habe", prustete das älteste Reh sofort heraus. „Was denn? Los, erzähl schon!", forderten die beiden anderen es auf. „Die sitzen da drin und…", begann das Reh seine unglaubliche Geschichte. Die beiden anderen hörten ihm dabei sprachlos und gespannt zu.

VI

„Ich will jetzt meinen Tee trinken und etwas essen", sagte die kleine Hexe La Befana und befahl ihrem Besen sie unten an der Tür ab zu setzen. „Was ist mit Dir?" fragte La Befana Richtung Toni, der immer noch auf dem Dach saß. „Willst Du mit?" Das ließ sich der Rabe nicht zweimal sagen. Vielleicht gab es ja auch für ihn etwas Leckeres zu fressen. „Wer weiß?", dachte er und erwiderte: „Na klar, wenn Du mich einlädst!" Sprach´s, flatterte fix runter vom Dach und landete geschickt bei der kleinen Hexe auf der Schulter. „Schön warm hier drin", meine Toni und flatterte auf eine Stuhllehne am Küchentisch. „Blitz, Du hast jetzt Pause. Leg´ Dich auf den Fußboden", befahl La Befana ihrem Besen. „Er muss sich ausruhen. Ich brauche ihn gleich wieder", meinte die Hexe zu Toni. Dann zog sie sich Jacke und Kopftuch ab, ging zum Küchenherd, nahm den Wasserkessel herunter und goss sich heisses

Wasser in die vorbereitete Teetasse. La Befana nahm auf dem zweiten Stuhl Platz, rührte mit einem Löffel in ihrem Teebecher herum und sah dabei Toni an. „Hast Du Durst oder Hunger?", fragte sie. „Klar, ich habe immer Hunger", behauptete der Rabe. „Das ist gut. Freu´ Dich, denn ich habe eine leckere Überraschung für Dich." La Befana griff zu einer großen Holzdose, die auf dem Küchentisch stand. „Mach mal die Augen zu", bat sie Toni. Der gehorchte sofort, denn er mochte leckere Überraschungen sehr. Die Hexe öffnete die Dose, holte ein großes Stück Schinken heraus und legte es auf ein Holzschneidebrett. Mit einem großen Messer schnitt sie Scheiben ab und zerteilte diese in kleine Stückchen. „Augen zu habe ich gesagt", meckerte sie Toni an. „Ich kann nicht anders - ich habe etwas gerochen, was mir sehr gut gefällt", meinte er. La Befana stellte das Holzbrett mit den vielen kleinen Schinkenstückchen Toni direkt vor den Schnabel. „Und jetzt: Augen auf!" Toni sah die Schinkenstücke und schlug vor Freude mit seinen Flügeln. Dann hüpfte er auf den Küchentisch und pickte sich ein Schinkenstückchen nach dem anderen. „Danke. Du bist eine sehr liebe Hexe", sagte Toni zu La Befana. „Gern geschehen, lass´ es Dir gut schmecken. Nachher habe ich noch eine Überraschung für Dich", versprach ihm die Hexe. „Ist die auch so lecker?", fragte Toni zwischen zwei Stückchen. „Wird Dir sehr gut gefallen", versprach die Hexe.

VII

„Und Du bist Dir sicher, dass Du richtig geguckt
hast?", fragte das kleinste Reh. „Ja klar, der
Rabe wird von der Hexe mit Fressen vollgestopft", erwiderte das große Reh. „Ganz sicher,
ich hab´s genau gesehen!" Die drei Rehe standen
schon einige Zeit nicht mehr alleine an der
Lichtung. Das vorwitzige Eichhörnchen hatte sich
zu ihnen gesellt und genau zugehört. Es konnte
die Geschichte überhaupt nicht glauben. „Erst
klaut das schwarze Federvieh mir das Futter und
zur Belohnung gibt es auch noch Fleisch von der
Hexe. So was Ungerechtes", schimpfte das Eichhörnchen. Auch die Hasen waren aus ihrem Bau geschlüpft, denn sie wollten ebenfalls etwas von
der Unterhaltung der anderen Tiere mitbekommen.
„Sag´ Du doch mal was dazu", forderte das große
Reh den schlausten Hasen auf. „Du weißt doch immer was zu sagen. Also?" Der Hase mümmelte ein
wenig mit seiner Nase und sprach dann zu allen
Tieren, die gespannt um ihn herumstanden und ihn
anschauten: „Der Kolkrabe ist neu hier. Er ist
nicht unser Freund. Die Hexe kann hexen. Sehr
gut sogar. Ich habe es einmal versucht, bin auf
einen Besen, der herumlag, geklettert und wollte
losfliegen. Es hat nicht geklappt. Ich finde,
die Hexe sollte jetzt im Winter nicht nur dem
Raben etwas zu fressen besorgen, sondern auch
uns. Schließlich sind wir alle ja auch ihre
Nachbarn, oder?" Den anderen Tieren gefielen die
Worte des Hasen sehr. Sie applaudierten ihm, so
laut sie konnten. Die Rehe schlugen ihre Vorder-

hufe aneinander, dass es nur so knallte. Die anderen Hasen klopften mit ihren Hinterläufen, dass es den Schnee wegblies und das kleine Eichhörnchen rief „Muck, muck, muck – HüüühääH, Muck, muck, muck – HüüühääH", so laut es konnte. Dann war es plötzlich ganz leise. Alle Tiere dachten nach. „Und, wer sagt es ihr?", fragte das größte Reh nach einem Moment. „Wir sollten abstimmen", schlug der schlaue Hase den anderen vor. Doch es kam noch nicht zu der gewünschten Entscheidung. Das knarrende Geräusch der Hexenhaustür ließ alle Tiere zuerst vor Schreck erstarren. Doch dann flitzten sie los – jeder in sein Versteck.

VIII

In der geöffneten Hüttentür stand La Befana mit Toni auf der Schulter. Die kleine Hexe hatte sich mit Jacke, Schal und Kopftuch warm eingepackt. Selbstverständlich trug sie wieder ihre schwarzen Stiefel. „Ganz schön kalt hier draußen", meinte Toni und bewegte seine Flügel langsam hoch und runter. „Und hier hast Du eine Überraschung für mich?", wollte der Rabe wissen. „Genau hier. Blitz, komm!", befahl sie ihrem Besen, ging einen Schritt vor die Tür und drückte sie zu. „Ordnung muss sein", meine La Befana zu Toni. „Jetzt geht es los." „Ich verstehe kein Wort", meinte Toni, als ihn die Hexe von ihrer Schulter auf den frisch gefegten Erdboden setzte. Sie hockte mittlerweile auf ihrem Besen, hielt sich am vorderen Teil des Besenstiels mit beiden Händen gut fest. „Ist doch ganz einfach, Toni. Wir beide fliegen jetzt um die Wette. Ich auf dem Besen und Du so wie immer. Das ist meine Überraschung", erklärte La Befana. Toni war begeistert: "Abgemacht! Aber Du weißt schon, dass Du keine Chance hast", prahlte Rabe Toni. „Wo geht es lang?", fragte er. „Der Start ist hier vor der Hütte. Dann fliegen wir über den gefegten Weg bis zur dicksten Tanne da hinten", sagte die Hexe. Dann wollten sie um die Tanne herum fliegen, steil nach oben über die Baumwipfel hin bis zur nächsten Lichtung. „Danach kommt der schwierigste Teil. Von der Lichtung an fliegen wir steil nach unten und rasen unten um die Bäume herum bis hierher zur Hütte. Das ist eine Runde." „Wie viele davon fliegen wir?", wollte Toni wissen. „Wirst Du schon sehen. Ab geht´s. Und – los!", befahl La Befana ihrem Besen. Blitzschnell schossen beide über den gefegten Weg dass es nur so staubte. Toni war völlig überrascht, flatterte dann los und versuchte La Befana einzuholen. „Krieg mich doch", rief ihm die Hexe zu, als sie auf ihrem Besen hinter der größten Tanne hoch bis zu den Wipfeln des Tannenwaldes raste. Toni kam recht gut in Schwung, holte gleich etwas auf und berührte in seiner Kurve beinahe die Tannenspitzen. Dabei fegte er den Schnee von den Ästen. Auf der Lichtung waren beide gleichauf. La Befana gelang der Sturzflug vom Wipfel der Bäume runter nur knapp über den Waldboden ein klein wenig besser, als Toni. Beide wedelten mit riesiger Geschwindigkeit um die

Bäume herum, dass es jedem anderen schwindlig geworden wäre. Dann erreichten sie die Hütte und flogen in ihre zweite Runde. Die Raserei, das Zischen des Besens in den Kurven und der von den Ästen herunter purzelnde Schnee sorgten dafür, dass sich alle Tiere, die hier lebten, lieber in Deckung gebracht hatten. Sie kannten diese Leidenschaft der kleinen Hexe sehr gut, schließlich machte sie ihre Flugübungen beinahe jeden Tag. Dennoch war es ihnen unheimlich – selbst die Waldvögel hatten Angst. An diesem Nachmittag flogen beide insgesamt 25 Runden. In der letzten Runde waren beide immer noch gleichauf und landeten nebeneinander völlig außer Puste vor der Hütte. „Erster!", riefen beide. Dann sahen sie sich an und mussten lachen. „Du bist richtig gut", lobte La Befana den Raben. „Und Du erst", gab Toni das Kompliment zurück. „Und was machen wir jetzt?", wollte Toni wissen. „Ich will rein. Will weiter weben", meinte die Hexe. „Gut. Ich mache es mir da drüben auf der Tannenspitze bequem. Wenn Du willst, können wir morgen wieder um die Wette fliegen", sagte Toni. „Sehr gerne. Mach´s gut, bis morgen", verabschiedete sich die Hexe vom Raben und ging in ihr Häuschen. Toni flog hoch auf die Tannenspitze und ruhte sich dort von ihrem Wettbewerb aus. Bald schloss er seine Augen und fiel in einen erholsamen Schlaf.

IX

„Ist es jetzt endlich vorbei?", fragte das größte Reh die beiden anderen. „Ja, ich glaube, die
sind fertig", hoffte das kleinste Reh. Alle drei
waren beruhigt, denn so langsam wurde es dunkel.
Nach wenigen Minuten hatten sich die anderen
Tiere auch bei ihnen eingefunden. „Na dann können wir ja abstimmen, wer die Hexe um Futter
fragt", sagte der schlaue Hase. „Geht in Ordnung. Ich finde, Du solltest es machen", meinte
das Eichhörnchen. „Und ich meine, Du bist die
Richtige", sagte der Hase zum größten Reh. Das
Reh war sich sicher, dass das Eichhörnchen das
vorwitzigste Tier sei und deshalb La Befana um
Hilfe bitten sollte. „So kommen wir nicht weiter", meckerte der Hase und rümpfte dabei seine
Nase. „Und was machen wir jetzt?", fragte das
Eichhörnchen? „Von mir aus – ich mache das",
versprach das Eichhörnchen. „Nein!", rief das
kleinste Reh. „Wieso denn nicht", wollte das
Eichhörnchen wissen. „Das gibt´s nicht. Schaut´
mal, da oben!" Das kleinste Reh reckte dabei
seinen Kopf nach oben Richtung Himmel. Alle anderen Tiere folgten seinem Blick und staunten.
Oben am Nachthimmel leuchtete plötzlich ein großer Stern ganz hell. „Den habe ich hier noch nie
gesehen", wusste der Hase. Alle anderen Tiere
nickten, denn sie kannten sich am Himmel richtig
gut aus. Doch dieses Licht war ihnen noch niemals aufgefallen. „Ich glaube, ich frage morgen
die Hexe", versprach das größte Reh. Jetzt will

ich erst einmal wissen, was dieser Stern da oben
zu bedeuten hat.

X

„Meint ihr, wir sind hier richtig", fragte der
dunkelhäutige bärtige Mann seine beiden Beglei-
ter. „Ja, schau doch. Da oben ist doch der
Stern. Er zeigt genau in diese Richtung", sagte
sein Begleiter. Alle drei folgten seit einigen
Stunden diesem Stern. Der Stern sollte ihnen den
Weg zu einem Königskind zeigen, das in dieser
Nacht geboren wurde. In ihren Taschen hatten sie
Geschenke für das Baby. Es war Gold, Weihrauch
und Myrrhe. „So langsam krieg´ ich hier kalte
Füße", sagte Balthasar. „Was ist dieses weiße
Zeug hier eigentlich", wollte sein Freund Caspar
wissen. „Das ist gefrorenes Wasser - Eiskristalle. Hier sagen die Menschen Schnee dazu", erklärte Melchior. So hieß der dritte Wanderer,
der dem Stern folgte. Caspar, Melchior und Balthasar waren schon ziemlich lange unterwegs. Sie
gönnten sich keine Pause, denn alle drei wollten
unbedingt das Königskind finden. "Schaut mal, da
vorne ist eine Hütte. Da können wir ja mal nachfragen, ob jemand etwas vom kleinen König weiß",
schlug Melchior vor. „Gute Idee. Vielleicht können wir uns dort auch ein bisschen aufwärmen",
hoffte Balthasar. Die drei stapften durch den
tiefen Schnee. Sie freuten sich sehr, als sie
den von Blitz gefegten Weg erreichten. Nur noch

wenige Meter trennten sie von der Hütte der kleinen Hexe La Befana.

XI

Die warme Decke war bald fertig. La Befana meinte dass es nur noch ein bis zwei Stunden dauern würde, dann könnte sie sich darin wohlig einkuscheln. Im Weben war sie richtig gut. Vor allem machte es ihr richtig viel Spaß. Fast so viel wie mit ihrem Besen herum zu fliegen. Blitz der Besen hatte jetzt schon einige Stunden Pause. Die hatte er sich ja auch wirklich echt verdient. La Befana besah sich sehr zufrieden ihre künftige Decke auf dem Webstuhl, als es aus der Richtung ihres Besens zu Zischen anfing. La Befana sah sich um. „Blitz, was ist los?", wollte sie wissen. Sekunden später hörte sie Schritte vor ihrer Hütte. Dann klopfte es an der Tür. La Befana stand auf, ging zur Tür und öffnete. Sie sah drei fremde Männer – einer davon hatte einen dunklen Bart und auch dunklere Hautfarbe als die anderen. „Ja bitte?", fragte die Hexe. „Guten Abend. Wir sind die drei Könige aus dem Morgenland", erklärte Melchior. „Mein Name ist Melchior. Die beiden neben mir sind Caspar und Balthasar", sagte er und zeigte auf seine Begleiter. „Guten Abend", erwiderte La Befana. „Und was wollt Ihr Könige hier von mir?", wollte sie wissen. Die Hexe erfuhr von der Wanderung der drei Könige, dass sie immer hinter dem hellen Stern her zogen und dass sie auf der Suche nach dem neugeborenen Königskind seien. La Befana ging einen Schritt vor die Tür und suchte den Himmel nach dem Stern ab. Das war einfach, denn dieser Stern leuchtete so hell, viel heller als alle anderen, so dass die Hexe den drei Männern dann auch glaubte. „Weißt Du denn etwas über das Königskind?", wollte Caspar von ihr wissen. „Man kann auch Christuskind dazu sagen", erläuterte er seine Frage. „Nein, tut mir leid. Ich saß die ganze Zeit an meinem Webstuhl. Es ist so kalt, da brauche ich dringend eine neue warme Decke. Tut mir leid", entschuldigte sich La Befana. „Vielleicht kannst Du uns ja bei unserer Suche helfen", wollte Melchior von ihr wissen. „Ja, da helfe ich Euch gerne. Aber ein oder zwei Stündchen wird es noch dauern. Erst muss ich meine Decke fertig weben", bedauerte die Hexe. „Schade", meinte Balthasar. „Können wir uns hier bei Dir ein bisschen aufwärmen? Draußen ist es wirklich bitter kalt", fragte er die Hexe. „Balthasar, nein, das wird zu spät. Lass uns weiter gehen", empfahl Caspar. Melchior war auch seiner Meinung und so stapften die drei Könige wieder hinaus in den Wald. La Befana dachte noch kurz über die drei Männer nach. Sie war ziemlich beeindruckt. Schließlich hatte sie noch niemals bisher echte Könige zu Besuch gehabt. Dann setzte sie sich wieder an ihren Webstuhl und arbeitet fröhlich weiter.

XII

„Kann man hier nicht einmal in Ruhe schlafen", dachte Toni und blinzelte mit einem Auge hoch in den Himmel. Was er dort sah, hatte er noch nie gesehen. Ein so helles Licht gab es sonst nicht. Und Toni musste es ja schließlich wissen. Als Vogel war er ja dem Himmel stets näher als die Menschen und die anderen Tiere. Dann hörte er Schritte, danach eine Unterhaltung. Er sah drei Männer auf dem Weg zur Hexenhütte. Sie klopften an. La Befana öffnete die Tür und sprach mit ihnen. Am Schluss der Unterhaltung zuckte sie mit ihren Achseln und schüttelte den Kopf. Die drei Männer drehten sich um und gingen zurück in den Wald. La Befana winkte den Männern zum Abschied hinterher, kehrte zurück in ihre Hütte und schloss die Tür. Der Rabe schaute den Männern nach bis sie fast hinter den Bäumen verschwunden waren. Dann überraschte ihn ein gleißend helles Licht, das nur kurz aufleuchtete und dann erlosch. Die drei Männer waren danach verschwunden. Jetzt hatte es Toni gepackt. Er wurde neugierig und wollte unbedingt wissen, wer die Männer waren und was sie von der kleinen Hexe wollten. „Vielleicht hatten die ja auch Hunger nach Schinken und La Befana hat ihnen nichts abgegeben, weil sie morgen früh alles an mich verfüttern will", hoffte der Rabe. Einen Moment später war ihm klar, dass keiner nachts durch den Wald läuft um Fremde nach Schinken zu fragen. Also: „Was wollten die sonst von ihr", fragte Toni sich weiter. Er kam zu keiner Antwort. Da es ihm keine Ruhe ließ, erhob er seine Flügel, flatterte los und landete gekonnt auf der Fensterbank von La Befanas Hütte. Er erkannte, dass die Hexe am Webstuhl saß und immer die gleichen Bewegungen machte. „Na immerhin", dachte Toni. „Passiert ist ihr ja scheinbar nichts", war er sich sicher. Toni beobachtete La Befana noch eine kleine Weile. Dann pochte er mit seinem Schnabel vorsichtig an die Fensterscheibe. La Befana webte und webte. Sie schien sein Pochen nicht gehört zu haben. Toni pickte fester an die Scheibe. Es war wirklich sehr laut. „Das muss sie doch hören", war er sich sicher.

XIII

„Das ist wirklich die schönste Decke, die ich jemals gewebt habe", freute sich La Befana und war ganz in ihre Arbeit versunken. Während sie Fäden vernähte, fiel der Hexe wieder das Baby ein. „Ein Königskind soll das sein. Und die drei laufen hinter dem Stern her, der sie zu dem Kind führen soll", dachte sie. Plötzlich wurden ihre Gedanken von einem lauten Knall unterbrochen. Dann klirrte es und die Fensterscheibe schepperte in Scherben auf ihren Fußboden. Im nun offen klaffenden Fensterloch stand der völlig verdatterte Rabe Toni. „Was soll denn das? Was machst Du mit meinem Fenster, Du Unglücksrabe?", schimpfte La Befana Toni aus. „Ich wollte…, ich meine…, Du solltest mich doch …, das war doch nur wegen…", stammelte der Rabe. Toni sprang in

die Hütte und flatterte auf die Lehne vom Kü-
chenstuhl. Scheinbar war das sein Lieblingsplatz
in La Befanas Zuhause. „Ich hatte Angst um Dich.
Ich habe die drei Männer gesehen und dachte, die
wollen Dir etwas Böses antun. Schließlich bist
Du doch ganz alleine", plapperte Toni rasend
schnell vor sich hin. „Du bist ja lieb. Da
machst Du Dir Sorgen um mich. Das brauchst Du
wirklich nicht. Du weißt doch: Ich bin eine Hexe. Und wenn einer was Böses will, dann verhexe
ich ihn einfach. Dazu brauche ich nur meinen
großen Hexenhut", verriet sie ihm. Sie suchte
die Hütte nach dem Hut ab, fand ihn am Haken an
der Tür und setzte ihn sich auf den Kopf.
„Siehst Du! So sieht eine richtige Hexe aus",
sagte sie nicht ohne Stolz. Toni hatte sich
schnell von seinem Schrecken erholt. Er flog von
der Stuhllehne hoch und landete bei La Befana
auf der linken Schulter.- Dann drehte er seinen
Kopf etwas nach rechts, schaute La Befana ins
Gesicht und sagte feierlich: "Genau so sieht eine echte Hexe aus. Du brauchst doch den Raben
auf der Schulter, stimmt´s?" La Befana musste
lachen. Dann erzählte sie Toni die Geschichte
von den drei Königen und dem hellen Stern am
Himmel. „Ja genau! Den habe ich auch gesehen.
Der war superhell", wusste Toni. „Und jetzt? Was
machst Du jetzt?", wollte er wissen. „Jetzt ist
meine Decke fertig und ich kann nach dem Königskind suchen. Blitz: Wir müssen einfach immer
hinter dem Stern her fliegen", forderte sie ihren Besen auf mit nach draußen zu kommen. „Ich
will auch mit", forderte Toni. La Befana hatte

nichts dagegen. Sie gingen beide mit Besen ins Freie hinaus. Dann schauten sie entgeistert in den Himmel. „Der Stern ist weg", merkte Toni als erster. Blitz der Besen fing an zu zischen- er wartete auf La Befanas Startzeichen. „Blitz, sei still." Sie suchte verzweifelt den ganzen Himmel ab. Doch der helle Stern war verschwunden. „Um Himmels Willen, wie finde ich denn jetzt die drei Männer und das Königskind?" La Befana wusste keinen Rat und auch Toni hatte keine Idee.

XIV

„Los, wacht auf. Sofort!" Melchior richtete sich auf und rüttelte seine zwei Begleiter wach. Alle drei Könige lagen in einer kleinen Höhle auf dem nackten Erdboden. „Wo sind wir hier?", fragte Caspar. Aber keiner der drei wusste eine Antwort. Besonders merkwürdig fanden sie, dass der Schnee verschwunden war. Außerdem war es überhaupt nicht mehr so kalt wie im Wald bei der kleinen Frau. Balthasar machte sich große Sorgen; „Wir lagen hier rum und haben geschlafen statt das Königskind zu finden", meckerte er. „Los auf: Weitersuchen!" Alle drei rappelten sich auf und gingen zum Ausgang der Höhle. Dort schauten sie sofort in den Himmel. Doch der leuchtende Stern war verschwunden.

XV

Derweil rasten Toni und La Befana auf dem Besen Blitz über den Wald und die benachbarte Stadt. Dann erreichten sie die nächste Stadt und immer und überall suchten sie nach den drei Königen. Toni saß mit auf dem Besen. Und Blitz machte seinem Namen wirklich alle Ehre. „So schnell habe ich ihn noch nie erlebt", schrie La Befana. Der kalte Wind zischte ihnen nur so um die Ohren. „Man versteht sein eigenes Wort nicht", rief sie Toni zu. „Was hast Du gesagt?", fragte der Rabe. „Ist schon gut. Lass und zurückfliegen. Wir überlegen uns zu Hause etwas Neues", empfahl La Befana.

Die drei Männer hatten sie nicht gefunden. Nun machten sie sich enttäuscht auf den Rückflug zum Kronplatz.

XVI

„Und wie sollen wir das Königskind jetzt finden", fragte sich Balthasar. Die anderen schüttelten den Kopf. Auch sie wussten ohne Stern keinen Weg. „Hallo und guten Morgen! Kommt mal zu uns", rief ihnen jemand zu. Beim genauen Hinschauen entdeckten die drei Könige einige Ziegen, viele Schafe und fünf Männer, die hinter den Tieren herliefen. „Guten Morgen, was gibt´s", wollte Melchior von ihnen wissen. Die Schaf- und Ziegenherde machte halt. „Wir sind die Hirten. Wir sollen Euch den Weg zum Königskind zeigen", erklärte der vordere der fünf. „Ihr kennt den Weg?" Caspar wollte es erst gar nicht glauben. Doch dann überzeugte ihn dieser Satz: „Das hat uns der Engel gesagt. Genau der Engel, der Euch aus dem tiefen Wald hierher gebracht hat." So langsam dämmerte es den drei Königen. Schnell machten sie sich gemeinsam mit den Hirten und ihrer Herde auf in Richtung Königskind.

XVII

Zuhause angekommen, wärmten sich La Befana und Toni im Hexenhäuschen erst einmal ein wenig auf. Blitz der Besen lag erschöpft auf der Erde. Kein Zischen war zu hören: Er schlief. „Und jetzt finden wir das Königskind nie mehr." „Und wir können ihm auch überhaupt nichts schenken, so wie die drei Könige, die hier bei Dir waren", bedauerte Toni. Der Rabe bekam zum Trösten ein paar Stückchen Schinken, La Befana schlürfte ihren Tee und kaute an einem Stück Brot. Beide schwiegen sich an, keiner sagte ein Wort. Dann hatte die Hexe die zündende Idee. „Vielleicht ist das Kind ja hier irgendwo in der Nähe. Ich könnte doch jedem Kind etwas schenken, dann ist das Königskind bestimmt auch dabei", prustete sie zwischen zwei Schlucken Tee ihren Einfall heraus. „Was meinst Du dazu?", wollte sie vom Raben wissen. „Tolle Idee. Aber woher willst Du denn die vielen Geschenke nehmen? Und wie lange brauchst Du dann dafür?" Toni traute La Befana das nicht zu. „Ich glaube nicht dass Du das schaffst." „Na, wenn Du mir dabei hilfst, kriege ich das schon hin. Und über die Geschenke mach Dir bitte mal keine Sorgen", versprach die Hexe. „Wie genau soll das gehen?", fragte Toni. „Mein lieber kecker Rabe. Wie Du weißt bin ich doch eine Hexe. Und was können Deiner Meinung nach Hexen am besten?" „Na auf ihrem Besen fliegen. Das kannst Du. Das habe ich ja eben miterlebt. Kein Vogel der Welt kann das so schnell." „Nein", widersprach die Hexe. „Das Fliegen meine ich nicht. Was können Hexen noch?" Toni überlegte einige Sekündchen, kam aber nicht darauf. „Na ist doch ganz einfach: Hexen können einfach sehr gut hexen. Weißt Du was das heißt?" Der Rabe hatte keine Ahnung. Schließlich war La Befana ja die erste und einzige Hexe, die er kannte. „Schau mal auf den Tisch vor Dir. Wünsch Dir was!", forderte die Hexe den Raben auf. „Wie, was soll ich mir den wünschen?, fragte Toni. „Na was Du willst. Mach schon!" Der Rabe schüttelte erst einige Male ungläubig seinen Kopf hin und her. Doch dann sagte er "Ich wünsche mir eine große Schale Insektenbrei!" La Befana freute sich. Sie setzte ihren Zauberhut auf und sagte: "Fliegenbein und Grillenschenkel, Bienenkopf und Ameisenei: Insektenbrei komm herbei! Hex´ hex´!" Plötzlich zuckte eine kleine Flamme dicht über dem Küchentisch. Sie hinterließ mit einem lauten "Puff" eine Rauchwolke. Als die sich verzogen hatte erkannte Toni eine tonfarbige Schale voller Insektenbrei. „Potzblitz, was kannst Du denn?" Toni war völlig baff. Er sah erst in die

Schale, dann zur Hexe und fragte „Darf ich das essen?" „Na klar, das habe ich ja für Dich gehext. Und genau so mache ich das auch mit den Geschenken für alle Kinder. „Jetzt guten Appetit, lass Dir Deinen Brei schmecken. Wir müssen uns beeilen!", forderte La Befana Toni auf.

XVIII

„Das Königskind liegt in einem Stall aus Holz in einer Futterkrippe. Es ist ein Junge. Seine Mutter und sein Vater sind bei ihm. Allen dreien geht es sehr gut", erzählten die Hirten. Die drei Könige aus dem Morgenland waren von der guten Nachricht hocherfreut und konnten es gar nicht abwarten das Kind zu sehen. Froh waren sie auch, dass die Sonne über ihren Köpfen schien. Überall war es warm. Und es lag nirgendwo mehr Schnee. Auf dem Weg zum Stall spürten die Männer warmen Sand unter ihren Füßen.

XIX

Toni hielt sich am Kragen von La Befanas Jacke richtig gut fest, denn Blitz machte seinem Namen wieder einmal alle Ehre. Rasant kreisten die drei über Wald und zugeschneite Wiesen bis sie zum ersten Haus kamen. Dort landeten sie auf dem Dach neben dem Schornstein. „Wohnt hier ein liebes Kind?", wollte La Befana wissen. „Wieso ist das denn wichtig?", fragte Toni. „Na ja. Ich dachte nur die lieben Kinder bekommen tolle Geschenke", erklärte die Hexe. „Und die anderen? Was machst Du mit denen?" Toni wollte es wissen. „Die bekommen von mir nur ein Stück Kohle", sagte die Hexe. „Kohle?" „Ja, Kohle!" „Meine liebenswürdige Hexe La Befana. Wir suchen das Königskind, wissen aber nicht wo es sich versteckt. Nachher schenkst Du genau dem Kind ein Stückchen Kohle? Hältst Du das für eine tolle Idee?" Toni war entsetzt, dass der Hexe so etwas überhaupt eingefallen ist. La Befana schaute von Dach auf die anderen Häuser und überlegte. „Womöglich hast Du ja recht. Das mit der echten Kohle lasse ich weg. Ich verteile eben an alle auch zusätzlich etwas Süßes, das nur so aussieht wie Kohle." „Das gefällt mir schon viel besser", freute sich Toni. „Los jetzt – die Kinder warten!"

So kam es, dass die Weihnachtshexe La Befana gemeinsam mit ihrem Kolkraben Toni in dieser Nacht von Haus zu Haus zog und durch die Schornsteine allen Kindern Geschenke brachte. Das Königskind haben beide dabei nicht entdeckt. Doch Toni erkannte das Haus von Giovannis Eltern. „Da schau! In diesem Haus bin ich groß geworden. Da wohnt der Junge, der mich damals gerettet hat", erzählte Toni ganz aufgeregt. „Na dann gibt es hier ein besonders großes Geschenk", freute sich La Befana.

XX

„Da vorne! Da steht der Stall mit der Krippe!"
Einer der Hirten zeigte auf eine kleine Holzhütte. Davor hatten sich viele Tiere versammelt.
Alle schauten ganz andächtig in den Stall herein. Die Hirten näherten sich, blieben dann stehen und ließen den drei Königen den Vortritt.
Diese traten vor das Königskind, strichen ihm
über die Stirn und legten dann ihre Geschenke
vor ihm ab. Erst dann begrüßten sie Mutter und
Vater. Sie verbrachten dann noch einige frohe
Stunden bei dem Königskind im Stall.

XXI

„Das machen wir nächstes Jahr wieder", freute
sich La Befana als sie am frühen Morgen vor ihrer Hütte landeten. „Wenn Du mich mitnimmst bin
ich dabei", versprach Toni. Allen beiden hatte
es sehr viel Spaß gemacht allen Kindern mit ihrer Überraschung eine Freude zu bereiten. „Ich
hab´ einen Riesenhunger", meinte die Hexe. „Und
ich erst", wusste der Rabe. Als beide in die
Hütte hineingehen wollten, sprach sie jemand von
hinten an. La Befana und Toni drehten sich um
und sahen ein großes Reh. „Guten Morgen!", sagte
das Reh. „Was gibt´s?", wollte La Befana wissen.
„Ich wurde von allen Tieren auserwählt mit Dir
zu sprechen." Das Reh zögerte etwas. „Und was
sollst Du mir sagen?", fragte La Befana. Das Reh
trat einen kleinen Schritt zurück und schaute

dabei nach hinten in den Wald. Toni folgte ihrem Blick und sah zwei Rehe, einige Hasen und ein Eichhörnchen, die sie gespannt beobachteten und ihnen zuhörten. „Es ist Winter und wir finden kaum noch etwas zu fressen. Du bist eine Hexe und kannst doch bestimmt zaubern, oder?", fragte das Reh. „Hexen heißt das, hexen", erklärte La Befana. „Und wie sie hexen kann. Die ganze Nacht hat sie Geschenke gehext. Ohne Pause", erzählte der Rabe Toni stolz. Das Reh räusperte sich leise und fragte die Hexe dann: „Kannst Du uns nicht etwas zu fressen herbei hexen? Nicht immer – aber immer dann wenn so viel Schnee fällt, dass wir überhaupt nichts finden können", bat das Reh. Die Hexe La Befana lächelte und ging auf das Reh zu. Sie streichelte es über den Rücken und versprach: "Ihr werdet es am besten wissen, wann Ihr etwas braucht. Klopft dann an meine Tür und ich hexe Euch was Leckeres in Eure Krippe." „In welche Krippe?", fragten die anderen Tiere im Chor. La Befana griff an ihren Hexenhut und sprach: „Kripp´ aus Holz, voll Heu und Stroh, Komm her und mach die Tiere froh. Hex´hex´." Dann blitze und rauchte es. Als sich der Qualm verzogen hatte sahen alle neben dem gefegten Weg eine große Futterkrippe mit Dach zum Schutz gegen Schnee und Regen stehen. Sie war mit Heu und Stroh bis an den Rand gefüllt. Die Tiere im Wald jubelten, liefen zur Krippe und begannen ihr leckerstes Mahl des Winters. La Befana strahlte, Toni freute sich und sogar Blitz zischte ein wenig. Dann gingen sie in das Hexenhäuschen und ließen sich ihr Frühstück schmecken. Denn das hatten alle drei ja ganz bestimmt verdient.

Und wenn sie nicht gestorben sind, dann fliegen sie jedes Jahr um die gleiche Zeit über die Dächer und überraschen alle Kinder. Und die kennen La Befana bereits. Manche rufen sie sogar: „La Befana vien di Notte, con le scarpe tutte rotte, il cappello alla romana, viva viva la Befana ." Auf Deutsch heißt das: „Die Befana kommt bei Nacht, mit ihr'n ganz kaputten Schuhen, mit dem Hut auf römisch Art, Hoch soll leben die Befana!"

-Ende-

Märchen-Raten

Dieses Märchen-Raten können Sie an jeder Stelle Ihrer Aktivierung einbauen oder sogar eigenständig anbieten und durchführen. In diesem Rahmen serviere ich Ihnen lediglich einige Beispiele. Weitere können Sie sich selbst ausdenken.

Rotkäppchen

Puppe: **Wie heißt das bekannte Märchen, bei dem ein rotes Käppchen eine Rolle spielt?**

(Bei richtiger Antwort loben)

Genau. Spannend ist das mit dem Wolf, der einfach die Großmutter und das Rotkäppchen gefressen hat, oder?

(Bei falscher oder keiner Antwort Märchen kurz zusammenfassend mit zwei-drei Sätzen erzählen)

Froschkönig

Puppe: **Wie heißt das bekannte Märchen, bei dem ein Frosch eine goldene Kugel einer Prinzessin aus einem Brunnen heraus holt?**

(Bei richtiger Antwort loben)

Genau. Und dann wollte der Frosch für immer bei der Prinzessin leben.

(Bei falscher oder keiner Antwort Märchen kurz zusammenfassend mit zwei-drei Sätzen erzählen)

Die Bremer Stadtmusikanten

Puppe: **Wie heißt das bekannte Märchen, bei dem mehrere Tiere nach Bremen wandern wollen um dort gemeinsam Musik zu machen?**

(Bei richtiger Antwort loben)

Toll, richtig. Und dann kamen die bösen Räuber und hatten keine Chance gegen die Musikanten.

(Bei falscher oder keiner Antwort Märchen kurz zusammenfassend mit zwei-drei Sätzen erzählen)

Hänsel und Gretel

Puppe: **Wie heißt das bekannte Märchen, bei dem Bruder und Schwester im dunklen Wald gegen eine Hexe kämpfen?**

(Bei richtiger Antwort loben)

Ja, völlig richtig. Die Hexe wollte Hänsel sogar aufessen.

(Bei falscher oder keiner Antwort Märchen kurz zusammenfassend mit zwei-drei Sätzen erzählen)

Der Wolf und die sieben Geißlein

Puppe: **Wie heißt das bekannte Märchen, bei sieben Geißlein von einem Wolf bedroht werden?**

(Bei richtiger Antwort loben)

Ja, gut geraten. Das kleinste Geißlein konnte der Mutter verraten, was passiert war. Der Wolf hatte es in der großen Uhr nicht gefunden.

(Bei falscher oder keiner Antwort Märchen kurz zusammenfassend mit zwei-drei Sätzen erzählen)

Vom Fischer und seiner Frau

Puppe: **Wie heißt das bekannte Märchen, in dem die Frau eines Fischers nie genug bekommen kann?**

(Bei richtiger Antwort loben)

Ja, prima. Am Ende des Märchens saß die Frau wieder in der alten Fischerhütte.

(Bei falscher oder keiner Antwort Märchen kurz zusammenfassend mit zwei-drei Sätzen erzählen)

Das tapfere Schneiderlein

Puppe: **Wie heißt das bekannte Märchen, in dem ein Schneider Fliegen erschlägt?**

(Bei richtiger Antwort loben)

Ja, prima geraten. Und alle hatten Furcht vor dem Schneiderlein, weil sie „Sieben auf einen Streich" falsch verstanden hatten.

(Bei falscher oder keiner Antwort Märchen kurz zusammenfassend mit zwei-drei Sätzen erzählen)

Aschenputtel

Puppe: **Wie heißt das bekannte Märchen, in dem ein Mädchen in altem Kleid Asche aus dem Ofen sammeln muss?**

(Bei richtiger Antwort loben)

Ja, toll gemacht. Und später hat sie doch Glück gehabt und ihren Prinzen gefunden.

(Bei falscher oder keiner Antwort Märchen kurz zusammenfassend mit zwei-drei Sätzen erzählen)

Der Teufel mit den drei goldenen Haaren

Puppe: **Wie heißt das bekannte Märchen, in dem drei goldene Haare eine Rolle spielen?**

(Bei richtiger Antwort loben)

Ja, richtig toll. Und am Ende wurde aus dem König für immer ein armer Fährmann.

(Bei falscher oder keiner Antwort Märchen kurz zusammenfassend mit zwei-drei Sätzen erzählen)

Frau Holle

Puppe: **Wie heißt das bekannte Märchen, in dem eine Frau es durch das Kissenaufschütteln auf der Welt schneien lässt?**

(Bei richtiger Antwort loben)

Ja, richtig toll. Und am Ende bekam die Faule ihr Pech weg.

(Bei falscher oder keiner Antwort Märchen kurz zusammenfassend mit zwei-drei Sätzen erzählen)

Tischlein deck dich

Puppe: **Wie heißt das bekannte Märchen, in dem eine Ziege sagt „Ich bin so satt, ich mag kein Blatt, mäh, mäh, mäh?"**

(Bei richtiger Antwort loben)

Ja, prima geraten. Und am Ende jagte die Ziege einem Fuchs noch gehörig Angst ein.

(Bei falscher oder keiner Antwort Märchen kurz zusammenfassend mit zwei-drei Sätzen erzählen)

Schneewittchen

Puppe: **Wie heißt das bekannte Märchen, in dem ein Mädchen in einer Kiste aus Glas schläft?**

(Bei richtiger Antwort loben)

Ja, sehr gut geraten. Und am Ende geht es doch prima für sie aus.

(Bei falscher oder keiner Antwort Märchen kurz zusammenfassend mit zwei-drei Sätzen erzählen)

Schneeweißchen und Rosenrot

Puppe: **Wie heißt das bekannte Märchen, in dem zwei Rosenbäumchen eine Rolle spielen?**

(Bei richtiger Antwort loben)

Ja, gut geraten. Und zum Schluss heiraten Schneeweißchen und Rosenrot ihre Liebsten.

(Bei falscher oder keiner Antwort Märchen kurz zusammenfassend mit zwei-drei Sätzen erzählen)

Rapunzel

Puppe: **Wie heißt das bekannte Märchen, in dem ein Mädchen im Turm wohnt und ganz lange Haare hat?**

(Bei richtiger Antwort loben)

Ja, fein geraten. Und zum Schluss kommt Rapunzel wieder mit ihrem Königssohn zusammen.

(Bei falscher oder keiner Antwort Märchen kurz zusammenfassend mit zwei-drei Sätzen erzählen)

Dornröschen

Puppe: **Wie heißt das bekannte Märchen, in dem ein Mädchen für 100 Jahre hinter einer Dornenhecke schläft?**

(Bei richtiger Antwort loben)

Ja, fein geraten. Und zum Schluss wachen alle wieder auf und Dornröschen heiratet ihren Königssohn.

(Bei falscher oder keiner Antwort Märchen kurz zusammenfassend mit zwei-drei Sätzen erzählen)

Über den Autor
Mehr als zehn Jahre Bühnenerfahrung

Neben Kinderarmut, Krebs und Ungerechtigkeit bei der Verteilung der finanziellen Mittel in der Weltbevölkerung stellen sich für mich die Krankheiten Alzheimer und Demenz als künftig immer mehr zunehmende Bedrohung für die Menschen dar. Dies betrifft die Erkrankten UND ihre Pflegerinnen und Pfleger in Einrichtungen. Ganz besonders groß sind die Belastungen auch für die pflegenden Angehörigen Daheim.

Als ich die Worte „In unserer Gesellschaft bleibt uns nichts anderes übrig, als dement zu werden" des bekannten Neurobiologen Dr. Gerald Hüther in einem Vortrag hörte, erkannte ich das Ausmaß dessen, was in den kommenden Jahren diesbezüglich auf unsere Gesellschaft zukommen wird. Ich beschloss mich einzubringen, zu helfen. Doch das „Was" und „Wie" war mir anfänglich nicht klar. Was brachte ich dazu schon besonderes mit? O.K.: Ein Jahrzehnt Theatererfahrung mit eigener Bühne in Berlin, Schattenspiel und Lesungen in Schleswig-Holstein, eigene Bearbeitung von Märchenstücken, recht gute Kompetenz im Figurenbau, solide Programmierkenntnisse in Java und Python, ausgeprägtes technisches und elektronisches Verständnis und letztendlich – ich vergaß es fast – ein abgeschlossenes Studium der Soziologie und Psychologie. „Damit muss doch etwas zu machen sein", dachte ich mir.

Die Turbulenzen meiner Arbeitsbiografie ließen mein Ansinnen vorerst in den Hintergrund treten.

Lange Jahre war ich als Dozent, Coach und Lehrer im Einsatz für Menschen. Erneut Kontakt aufgenommen haben das Thema „Demenz" und ich vor einigen Jahren. Ich war verantwortlich für die berufliche Weiterentwicklung von Menschen, die sich beruflich verändern wollten. Im Angebot war auch die Schulung als Betreuungskraft nach §53c SGB XI. Selbstverständlich informierte ich mich genau über Lerninhalte und Berufschancen und – Schwupps – da war mein Thema wieder.

Nach umfangreichen Recherchen wuchs mein Plan schneller als ich Mind-maps und Notizen schreiben konnte. Dann stand mein Konzept für die Werkstatt für Therapiepuppen und Märchen endlich fest.

Therapiepuppen und Märchen
Darstellung meines Werkstattprojekts

Entwickelt werden im Projekt Therapiepuppen und einfache Handpuppen mit Spielanleitungen für Betreuer. Großes Fernziel sind intelligente Figuren für Erkrankte zum Liebhaben, die gleichzeitig z.B. auch den Zustand des Elektroherdes überwachen können oder erzählen können. Angeregt wurde ich dazu durch die Demenzpuppe Seerobbe Robby. Hier gibt es bei mir im Projekt seit Mitte des Jahres 2017 erste Erfolge, die allerdings noch nicht serienreif und öffentlich sind.

Das weitere Angebot erstreckt sich über 10-Minuten-Aktivierung für Senioren mit großen Handpuppen, auf demenzgerechte Märchenerzählungen, Erfindung von Nestelprodukten wie Decken, Kissen und Spielen, die Erarbeitung von Literatur (wie z.B. dieser Publikation hier) sowie die Durchführung von Kursen zur Anleitung des Puppenspiels mit großen Handpuppen und Wendepuppen. Selbstverständlich kommt der Märchenerzähler auch zu Kinderveranstaltungen und Stadtfesten aller Art.

Bei allen Einsätzen im Zusammenhang mit Demenz ist es wichtig, dass ich über Kenntnisse dieser Erkrankungen und der bestehenden Hygienevorschriften verfüge.

Surftipps zu meinen Webseiten
Therapiepuppen, Märchen und Demenz

Jeder, der Zugang zum Internet hat, kann sich über die Themen Märchen, Demenz und Therapiepuppen umfassend informieren. Internetbuchhändler-liefern über Märchen und Märchenerzählen zahlreiche Treffer. Eigentlich standen hier Surftipps über vier Seiten und sechs Seiten mit passender Literatur.

Schließlich habe ich alles gelöscht und beschränke mich nun auf zwei Internetadressen, die unmittelbar mit mir zu tun haben. Zum einen ist es mein Blog mit Informationen zur Kommunikation mit Demenzerkrankten und die Rolle von Puppen **http://hilfe-bei-demenz.blogspot.com.** Diesen Blog füttere ich nach Möglichkeit wöchentlich mit Texten, damit meine Leser auf dem neuesten Stand sein können.

Der zweite Tipp bezieht sich auf meine Projekt-Homepage **http://www.therapiepuppen-und-maerchen.de.** Hier finden Sie alle Informationen über Vergangenheit und Zukunft meiner Werkstatt für Therapiepuppen und Märchen. Zusätzlich stehen dort auch meine Kontaktdaten, falls Sie mich als Märchenerzähler oder Kursleiter für das Spiel mit großen Handpuppen engagieren wollen. Von dort gibt es auch einen direkten Verweis zum Blog.

Ich freue mich auf Ihren Besuch in der digitalen Welt!

Woher kommen die Puppen?
Bezugsmöglichkeiten für große Handpuppen

Nachfolgend finden Sie drei Hersteller, die große Handpuppen herstellen.

Beachten Sie bitte beim Puppenkauf die Größe Ihrer Hände. Ich empfehle Ihnen den Kauf einer Puppe mit einer Mindestkörpergröße von 60 cm.

Es existieren auch Modelle mit nur 35cm Körpergröße. Diese sind sicherlich für Menschen mit kleinen Händen (Kinder z.B.) sehr gut spielbar. Menschen mit großen Händen – so wie ich es bin – haben damit wahrscheinlich Probleme.

FOLKMANIS PUPPETS®
Europe
Jochen Heil
Am Haag 11 c
97234 Reichenberg
http://www.folkmanis-and-more.de

Living Puppets®
Matthies Spielprodukte GmbH & Co. KG
Kurt A. Körber Chaussee 64
21033 Hamburg
http://www.living-puppets.de

The Puppet Company Ltd.
Units 2-4 Cam Centre
Wilbury Way
Hitchin, Hertfordshire, SG4 oTW, UK
http://www.thepuppetcompany.com

Literaturverzeichnis
Tipps zum Weiterlesen

Bettelheim, Bruno; Kinder brauchen Märchen. 4. Auflage, Stuttgart 1980

Cameron, Julia; Der Weg des Künstlers. Ein spiritueller Pfad zur Aktivierung unserer Kreativität, München 2000

Gauda, Gudrun; Theorie und Praxis des therapeutischen Puppenspiels. Lebendige Psychologie C.G. Jungs, Dortmund 2001

Johnstone, Keith; Improvisation und Theater. Die Kunst, spontan und kreativ zu agieren, 8. Auflage, Berlin 2006

Möller, Olaf; Große Handpuppen ins Spiel bringen: Technik, Tipps und Tricks für den kreativen Einsatz in Kindergarten, Schule, Familie und Therapie, Ökotopia Verlag, Münster 5. Auflage 2011

Möller, Olaf; Starke Stücke für Große Handpuppen: Spielideen für Kindergarten, Schule, Familie und Therapie, Ökotopia Verlag, Münster 1. Auflage 2013

Steinmann, P.K.; Die Theaterfigur auf der Hand. Grundlagen und Praxis, Frankfurt 2004